100 geniale ZEICHEN TRICKS

ÜBUNGSBUCH

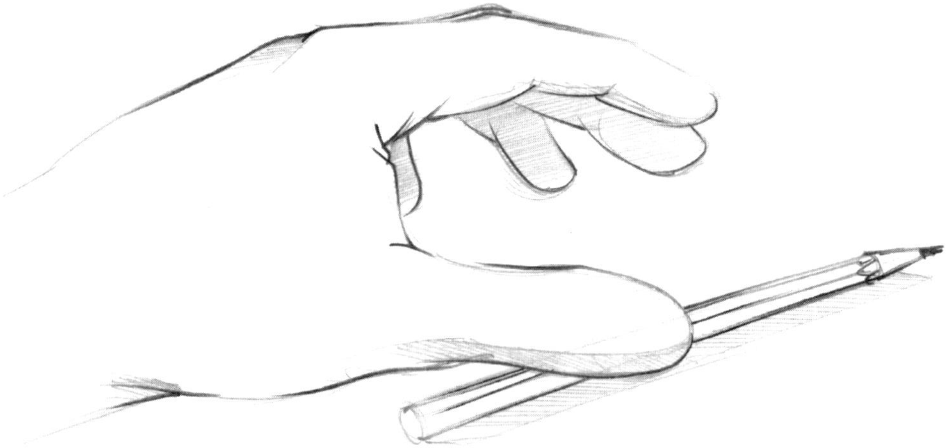

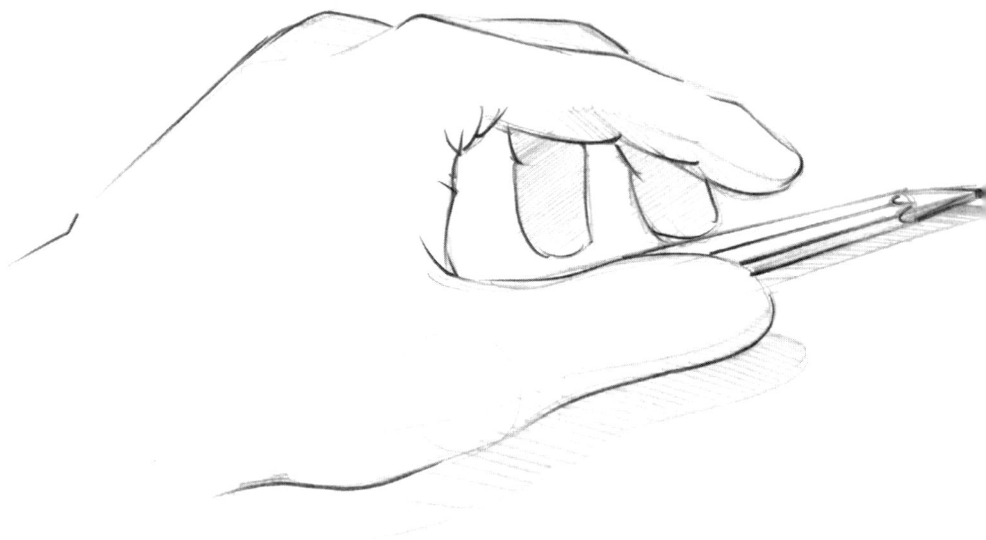

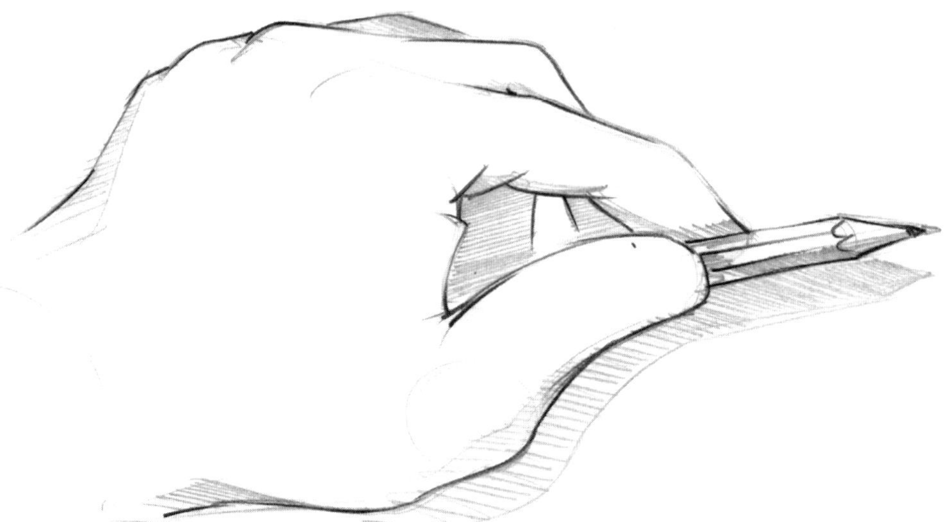

ANDREAS M. MODZELEWSKI

100 geniale ZEICHEN TRICKS ÜBUNGSBUCH

EMF
EIN BUCH DER
EDITION MICHAEL FISCHER

DER INHALT

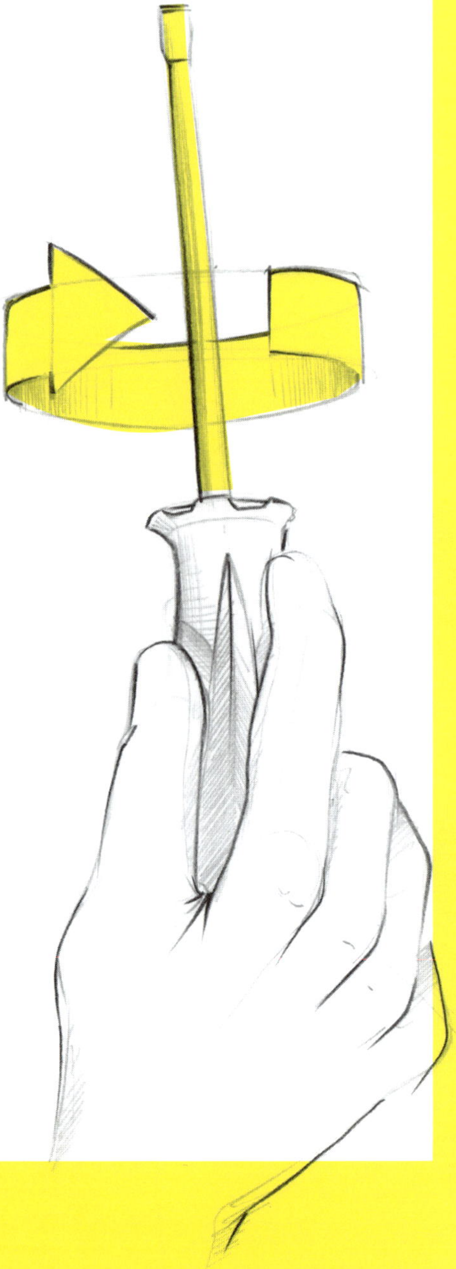

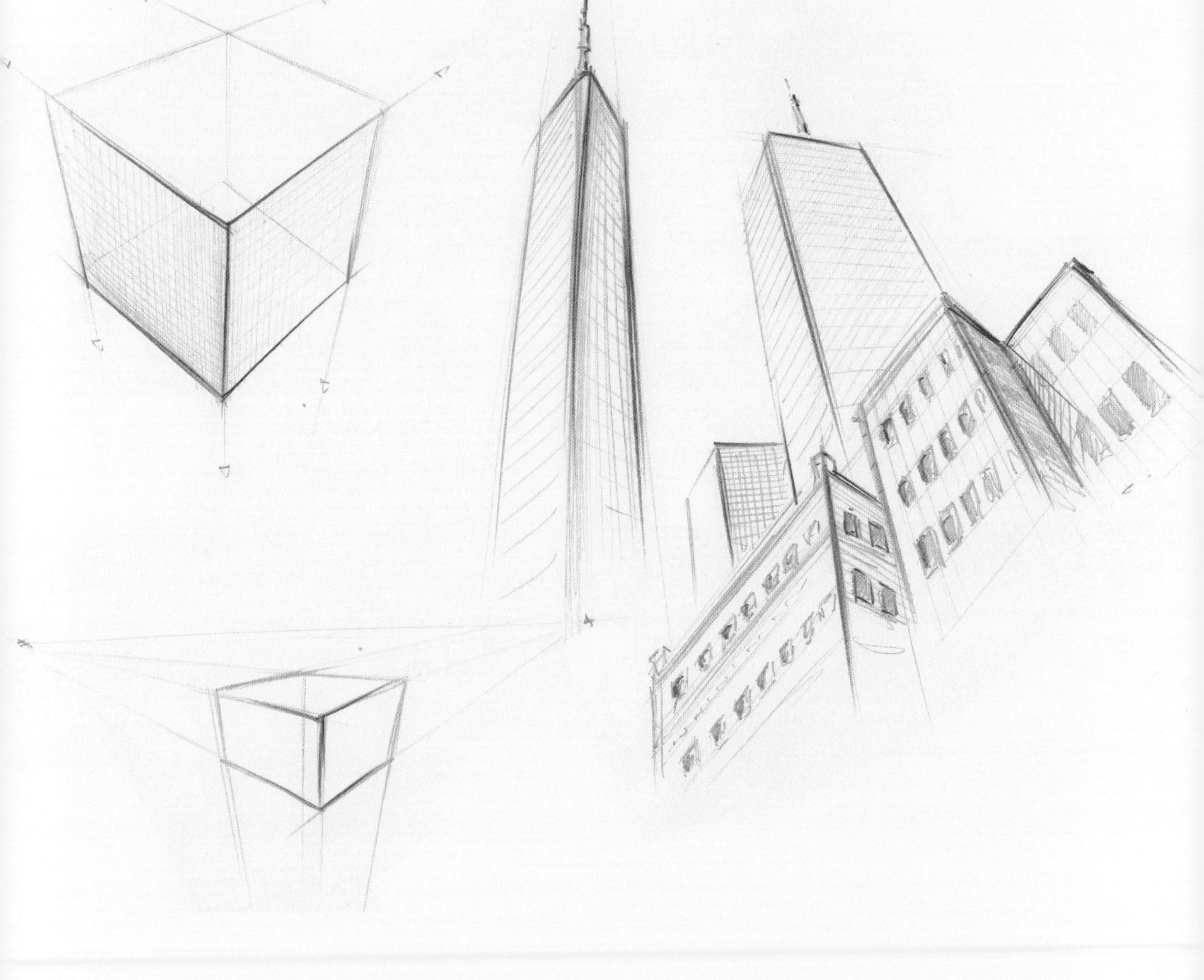

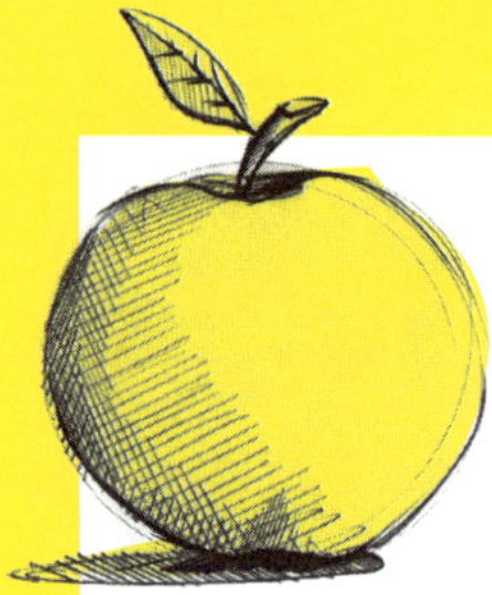

DIE AKADEMIE RUHR

Jeder kennt es, das Wahrzeichen Australiens; das große Opernhaus von Sydney. Seine geschwungenen Linien erzeugen den Eindruck eines majestätischen Segelschiffs, das im Hafen vor Anker liegt. Weniger bekannt allerdings ist, wie die erste Idee zu diesem außergewöhnlichen Bau entstand.

Der dänische Architekt Jörn Utzon hatte die entscheidende Eingebung zu seinem Design in einer Bar. Er nahm einen Kugelschreiber und skizzierte die Grundformen des Opernhauses auf das Einzige, was er zur Hand hatte – eine Cocktailserviette. Plötzlich war das in der Welt, was vorher nur in seinem Kopf existierte. Der Rest ist Geschichte.

Was uns dies sehr gut vor Augen führt, ist die schöpferische Kraft, die Handskizzen haben können. Bei allem technischen Fortschritt, von Computergrafiken über künstliche Intelligenz und Augmented Reality, sind sie noch immer Grundlage eines jeden Entwurfsprozesses.

In unserem Buch „100 geniale Zeichentricks" konntest du bereits erfahren, wie du Perspektive, Komposition und Materialien in einer aussagekräftigen Handskizze zusammen bringst. Anhand der klassischen Designbereiche Architektur, Auto-mobil-design, Industriedesign und Produktdesign haben wir 100 Tipps und Tricks in verständlichen Anleitungen für dich zusammengefasst.

Jetzt ist es Zeit, den Stift selbst anzusetzen. Dieses Übungsbuch soll dich dabei begleiten, dein bereits gelerntes oder aufgefrischtes Wissen anzuwenden. In einfachen Schritt-für-Schritt-Anleitungen führen wir dich durch die Welt der Handskizzen und geben dir dabei wegweisende und vor allem zielführenden Aufgaben. So bringst du deine Konzeptzeichnungen schneller auf den Punkt und vermeidest häufig gemachte Fehler. Du verleihst deinen Zeichnungen das gewisse Etwas und hebst dich damit deutlich von anderen Zeichenbegeisterten und Personen aus dem Kreativbereich ab. Neben der Präsentation verschiedener Zeichentechniken soll dir dieses Buch zudem ein Ansporn sein, deine eigenen Fähigkeiten stetig auszubauen und motiviert in eine ganz neue Richtung zu entwickeln. Beginnend mit den grundlegenden Techniken helfen wir dir, dich Schritt für Schritt in deinen eigenen Fähigkeiten zu steigern.

Wir würden uns freuen, mit diesem Workbook dein täglicher Begleiter auf dem Weg zur perfekten Zeichnung zu sein.

Wir wünschen dir viel Spaß und Erfolg dabei.

Dein Andreas M. Modzelewski

Und das gesamte Team der Akademie Ruhr

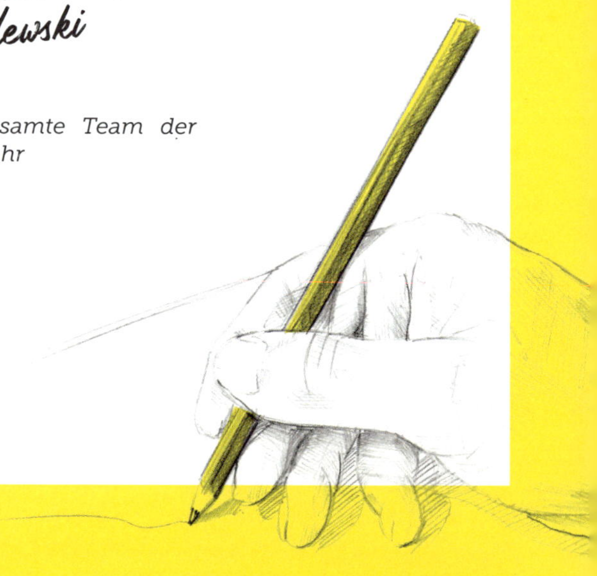

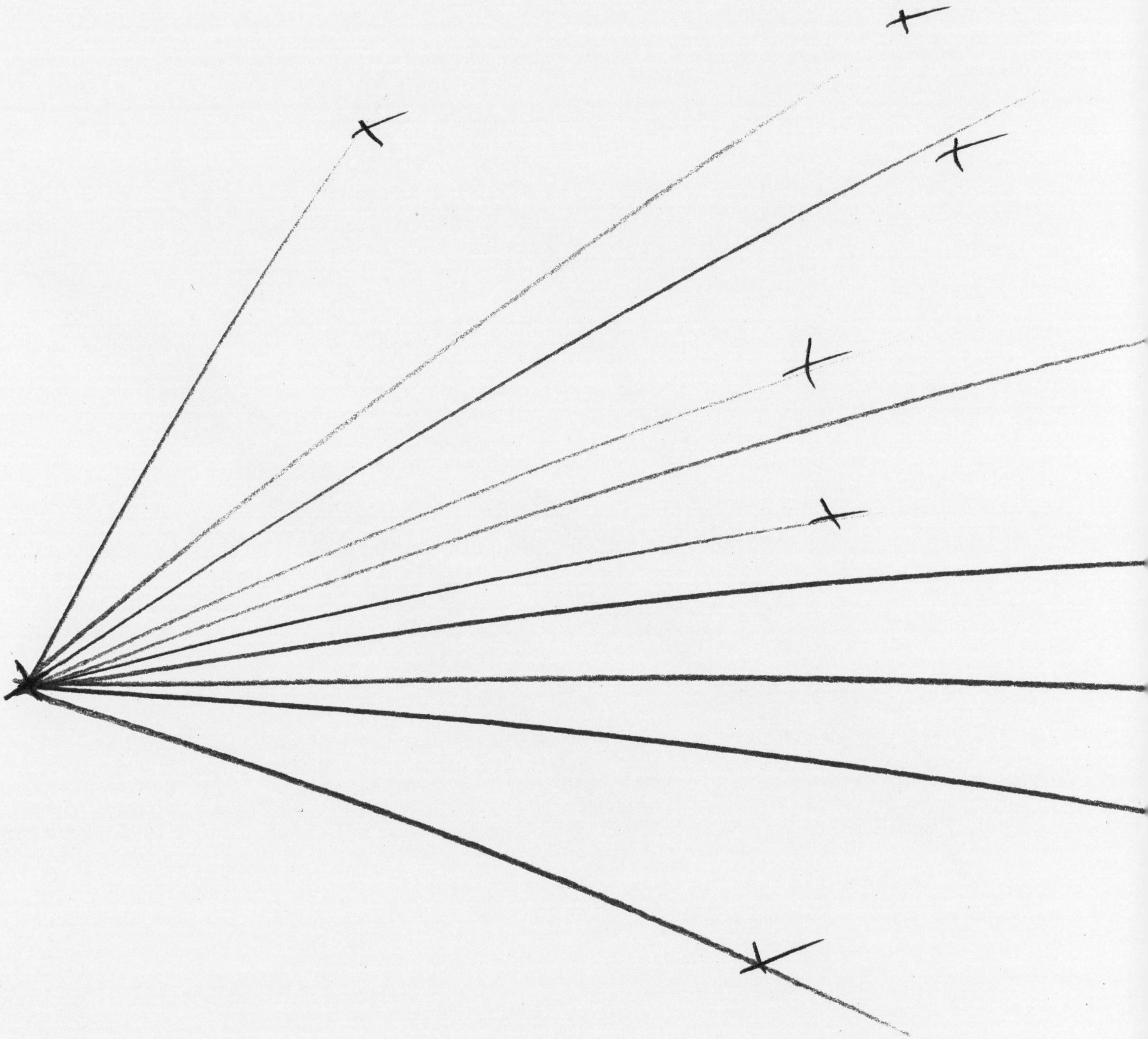

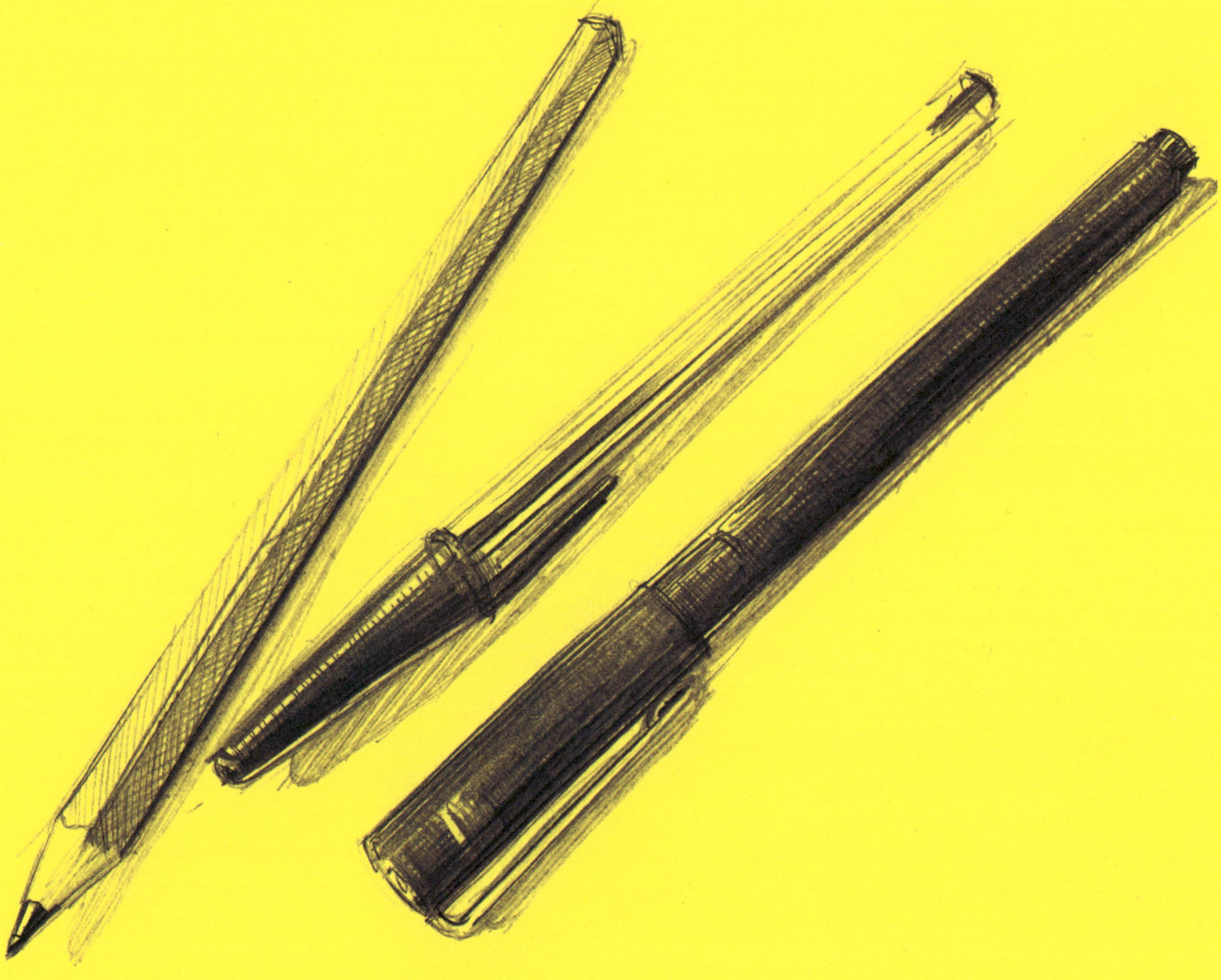

RAN AN DEN STIFT!

HALTUNG DES STIFTES

Es gibt zwei wesentliche Haltungen des Stiftes beim Zeichnen:

Um eine schnelle lockere Skizze zu erstellen, solltest du den Stift mittig oder sogar etwas am oberen Teil des Stiftes halten. Das ermöglicht dir eine schnelle Handbewegung.

Sobald es um die Details und Bereiche einer Zeichnung geht, die genauer ausgearbeitet werden sollen, fasse den Stift ähnlich wie beim Schreiben relativ weit unten. So behältst du die volle Kontrolle über jeden Strich.

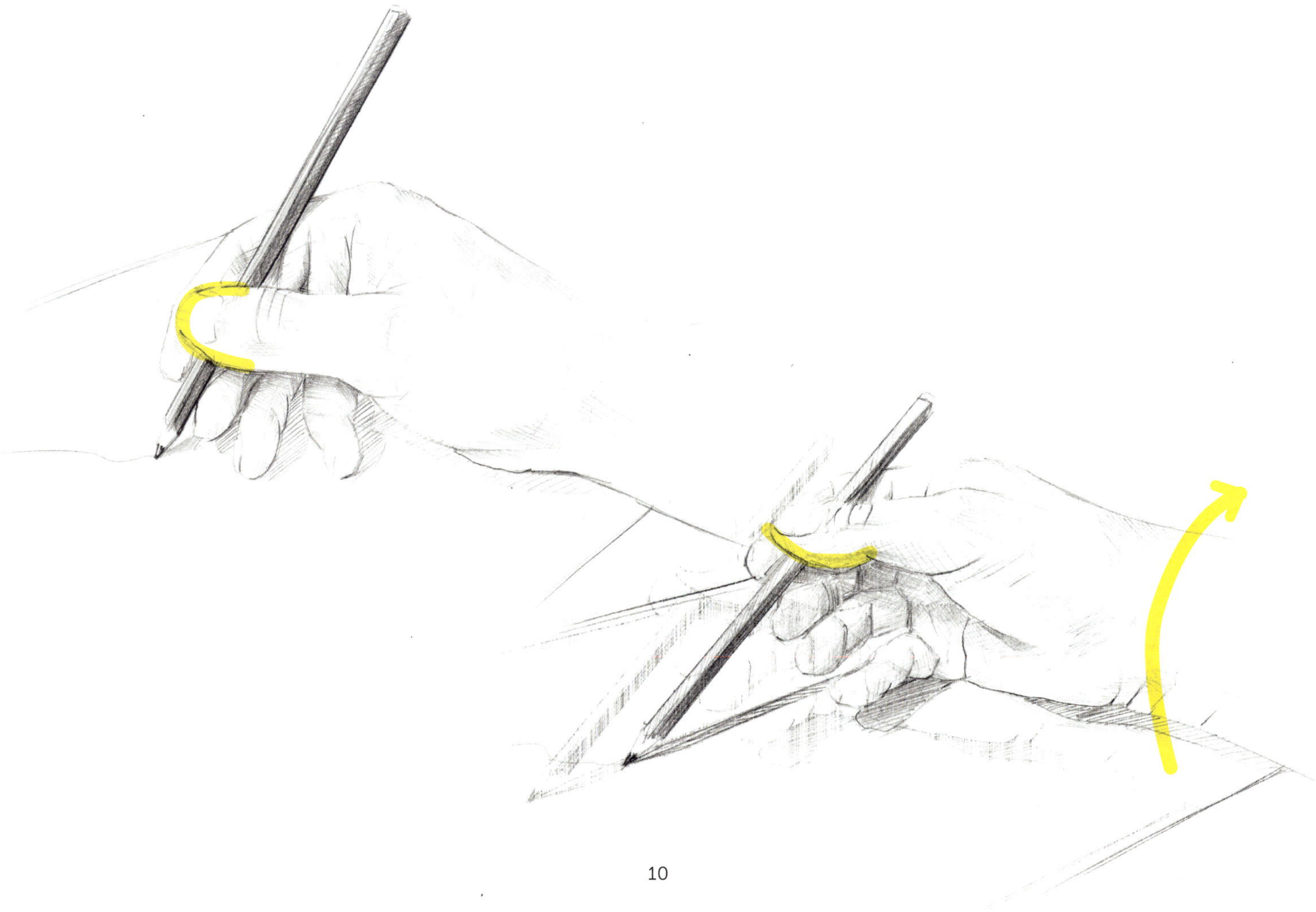

SKIZZIERE HIER

WIRKUNG

Skizziere in beiden Stifthaltungen immer das gleiche Objekt. Achte auf die Zeit und das Ergebnis. Beobachte, bei welchen Bereichen der Skizze du automatisch in die Schreibhaltung wechselst.

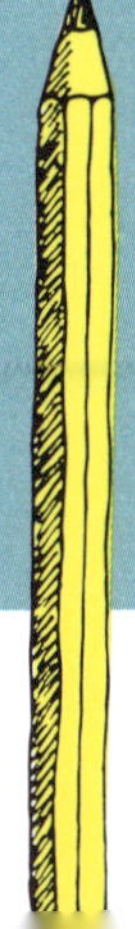

DER 2B-BLEISTIFT

Der 2B-Bleistift hat Biss und ist der Alleskönner. Du kannst ihn für leichte Striche benutzen, aber auch um Kontraste deiner Zeichnung hervorzuheben. Kontraste sorgen für eine schöne Tiefe in deinen Motiven.

Zeichne diese Übung nach und achte auf die unterschiedlichen Strichstärken.

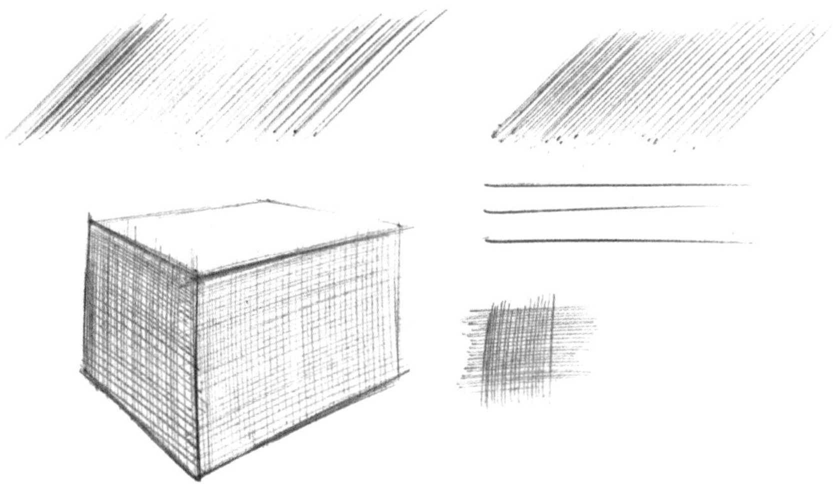

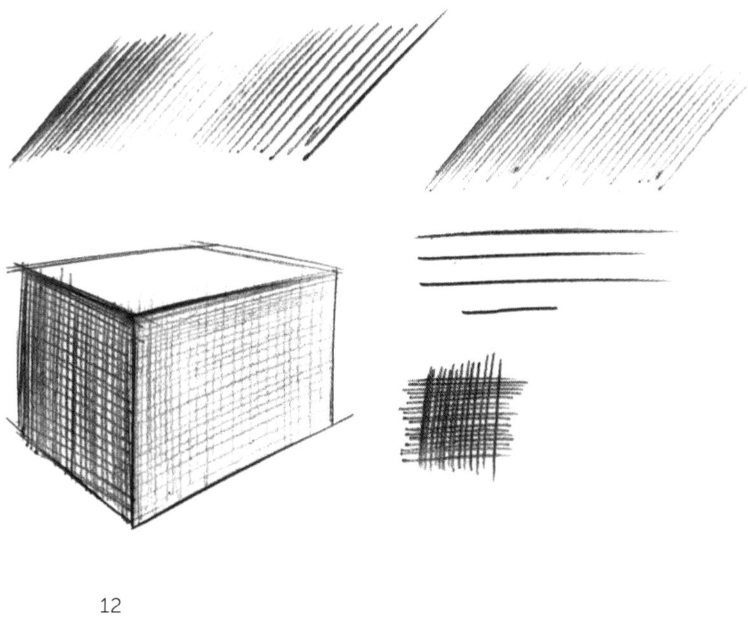

DER 2H-BLEISTIFT

Der 2H-Bleistift nimmt sich zurück und lässt Spielraum für andere Zeichenwerkzeuge. Solltest du nach der Vorskizze mit anderen Zeichenwerkzeugen wie Marker, Aquarellfarben oder Buntstiften die Zeichnung vervollständigen, dann ist der 2H-Bleistift das ideale Werkzeug dafür.

SKIZZIERE HIER

ÜBUNG

Zeichne die Übung auf der linken Seite nach und achte auf die unterschiedlichen Strichstärken.

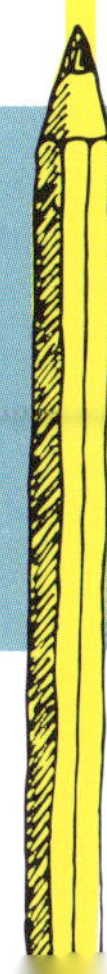

DER FINELINER

Der Fineliner hinterlässt auf jedem Untergrund einen bleibenden Eindruck. Ob Kraftpapier, weißes Papier oder Aquarellpapier. Die Striche lassen sich je nach Minenstärke sehr fein bis kräftig zeichnen. Der Nachteil liegt klar auf der Hand: Jeder gesetzte Strich ist nicht mehr radierbar.

Ein Set aus mehreren Stärken ist ein idealer Begleiter für jeden Urbansketcher.

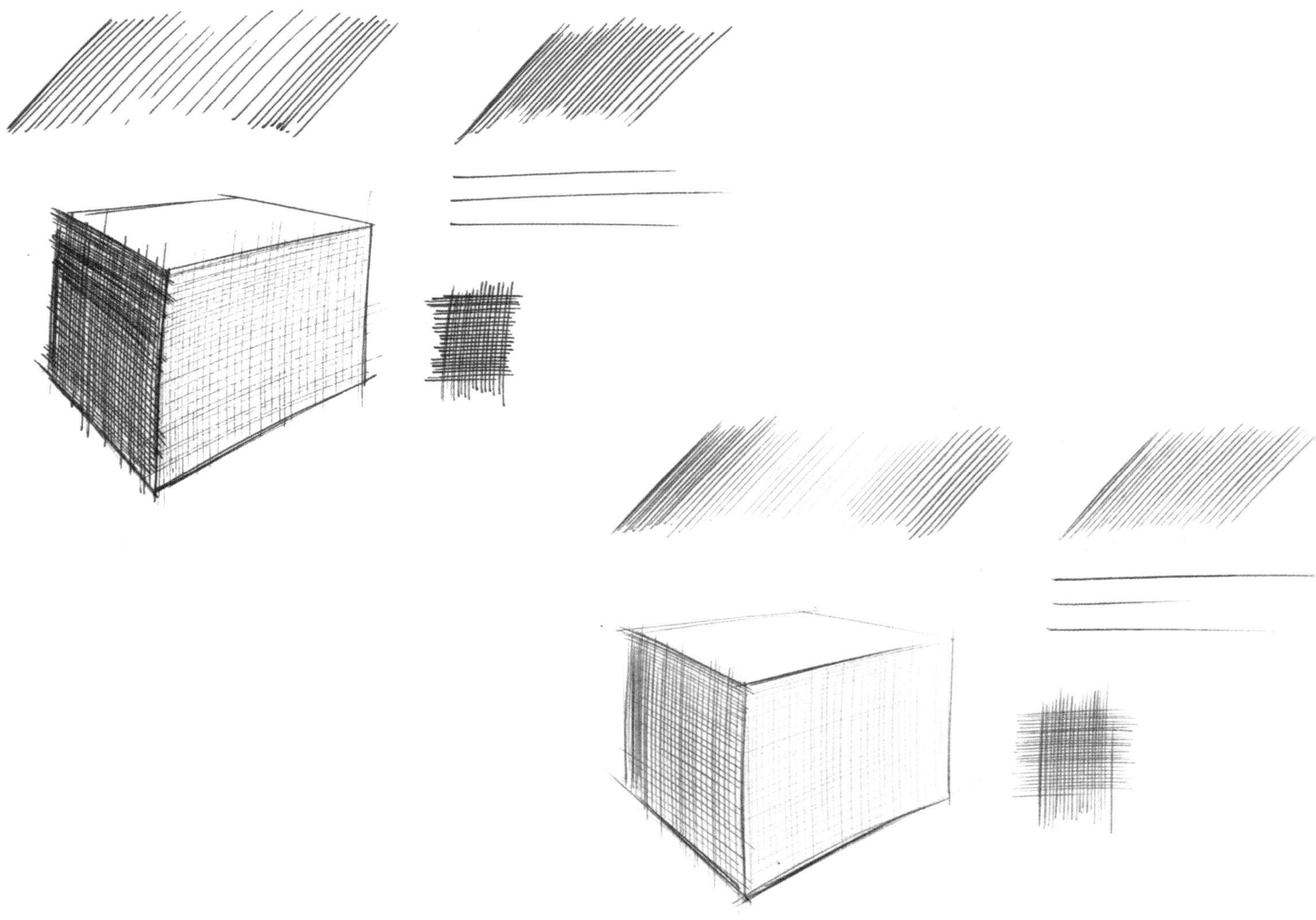

SKIZZIERE HIER

ÜBUNG

Zeichne die Übung auf der linken Seite nach und achte auf die unterschiedlichen Strichstärken.

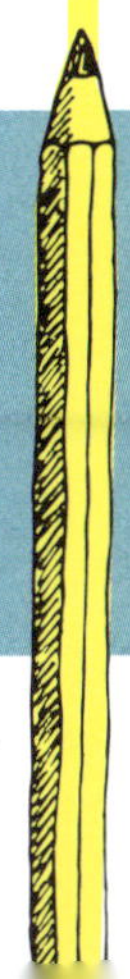

DER KUGELSCHREIBER

Mit einem Kugelschreiber lassen sich erstaunlich viele unterschiedliche Strichstärken erzeugen. Er steht dem Bleistift 2B in nichts nach, bis auf die Tatsache, dass die Striche nicht radierbar sind. Stark wirkende Kontraste sind ein klarer Vorteil eines Kugelschreibers. Und ... du hast ihn fast auf jedem Schreibtisch sofort zur Hand.

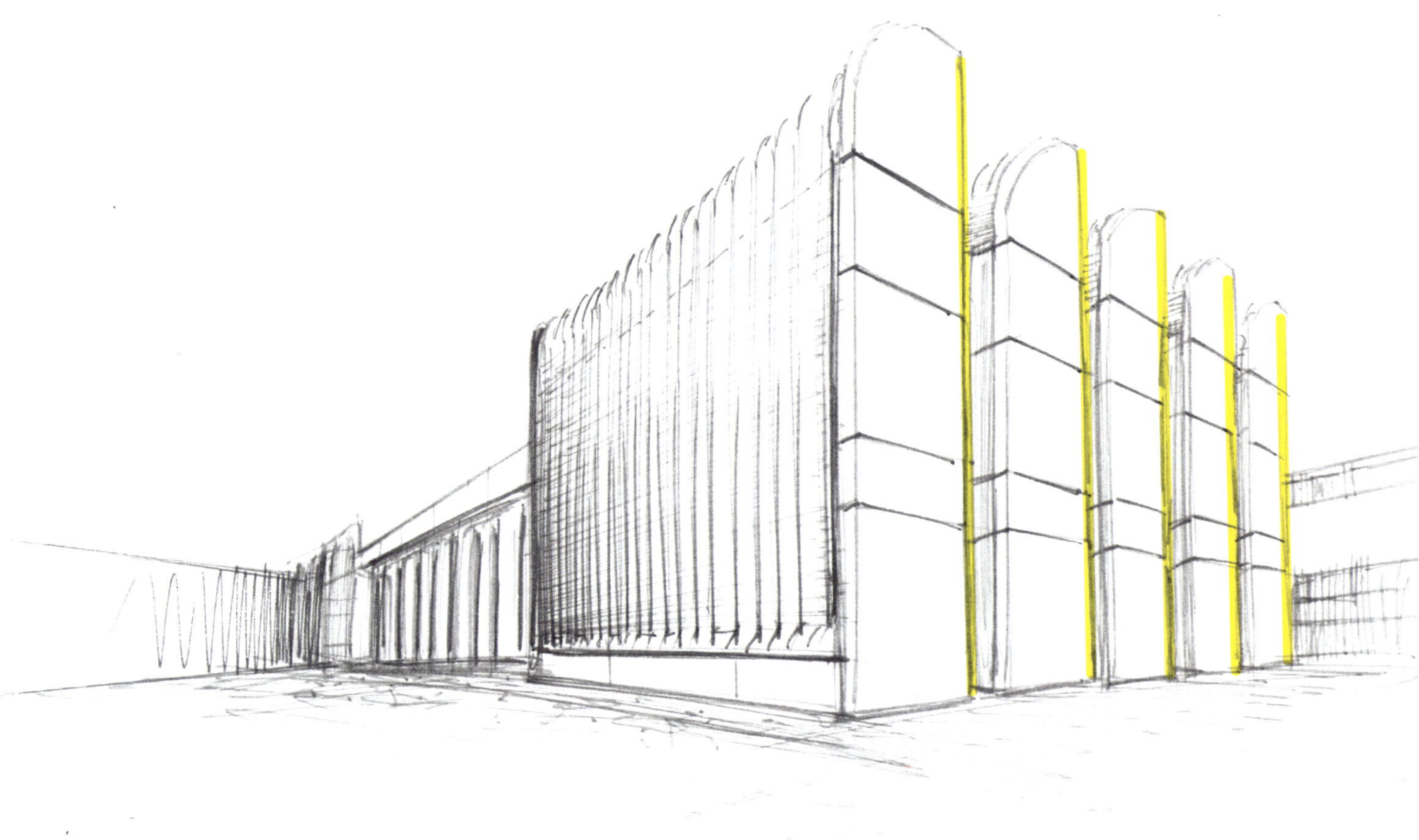

SKIZZIERE HIER

ÜBUNG

Zeichne die Übung auf der linken Seite nach und achte auf die unterschiedlichen Strichstärken.

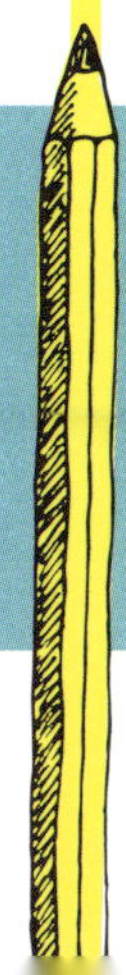

GRUNDFORMEN

Beinahe jedes Motiv, ob ein Haus, eine Taschenlampe oder ein Stuhl, besteht aus geometrischen Grundformen. In diesem Motiv des Bauhausarchivs in Berlin habe ich viele dieser Formen als Hilfsformen für die Zeichnung benutzt.

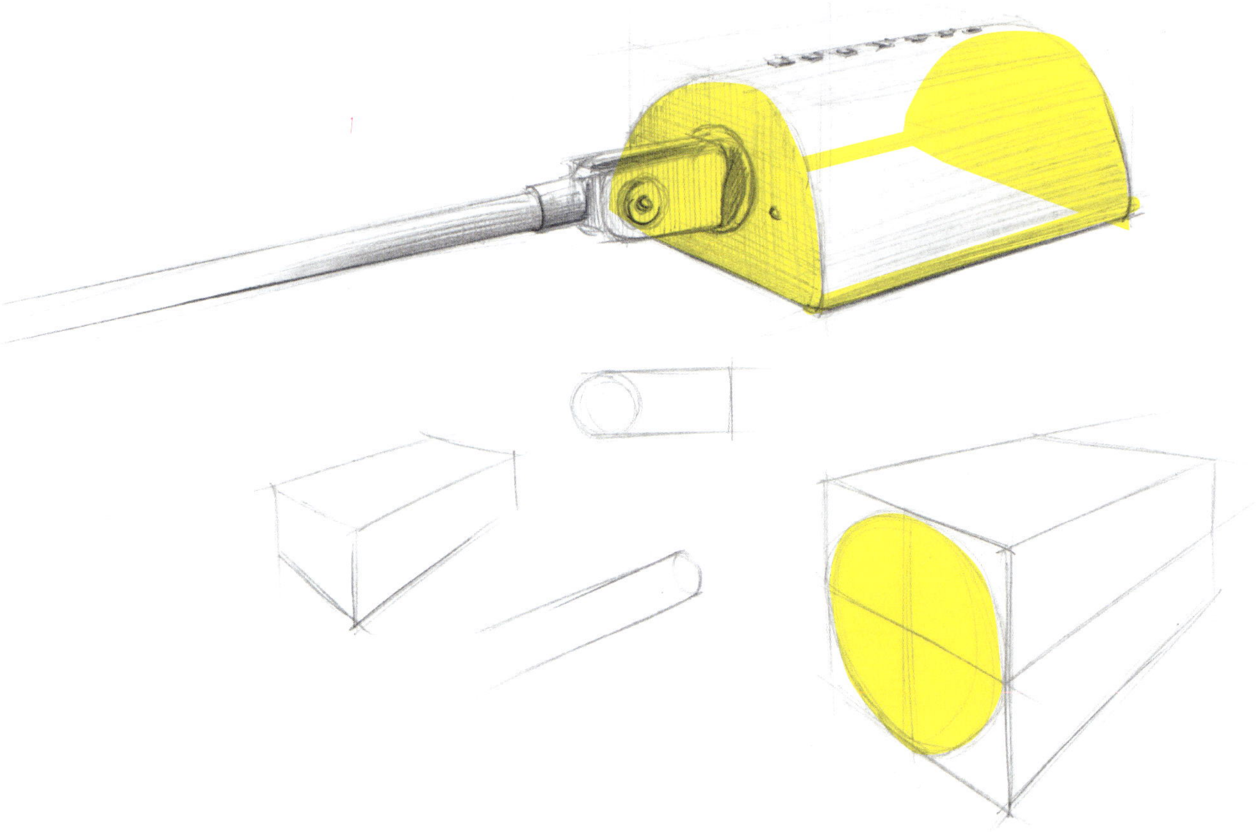

SKIZZIERE HIER

GRUNDFORMEN

Entwirf aus einem Dreieck, einem Zylinder und unterschiedlich großen Rechtecken mehrere Gebäude. Arbeite bei deiner Vorskizze ausschließlich mit den geometrischen Grundformen. Hier wäre der 2H-Bleistift das ideale Zeichenwerkzeug.

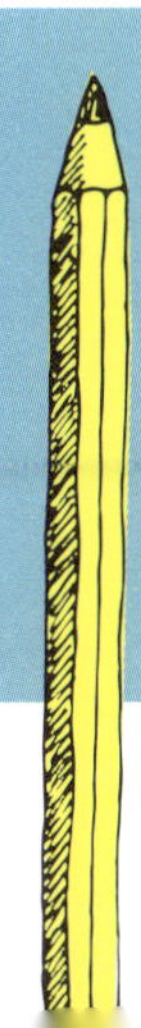

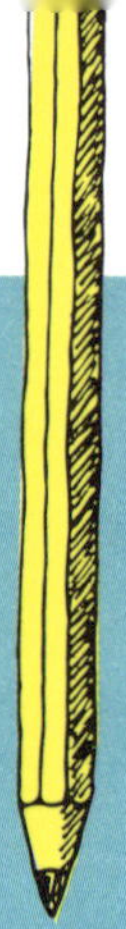

ZYLINDER/**ELLIPSE**

Von oben betrachtet ist ein Zylinder ein Kreis. Je nach Neigung entsteht aus dem Kreis eine Ellipse. Wie bei einer Tasse, die mit jedem Schluck leerer wird und die du immer mehr neigen musst, um an den Inhalt zu gelangen. Hier wäre der 2H-Bleistift das ideale Zeichenwerkzeug.

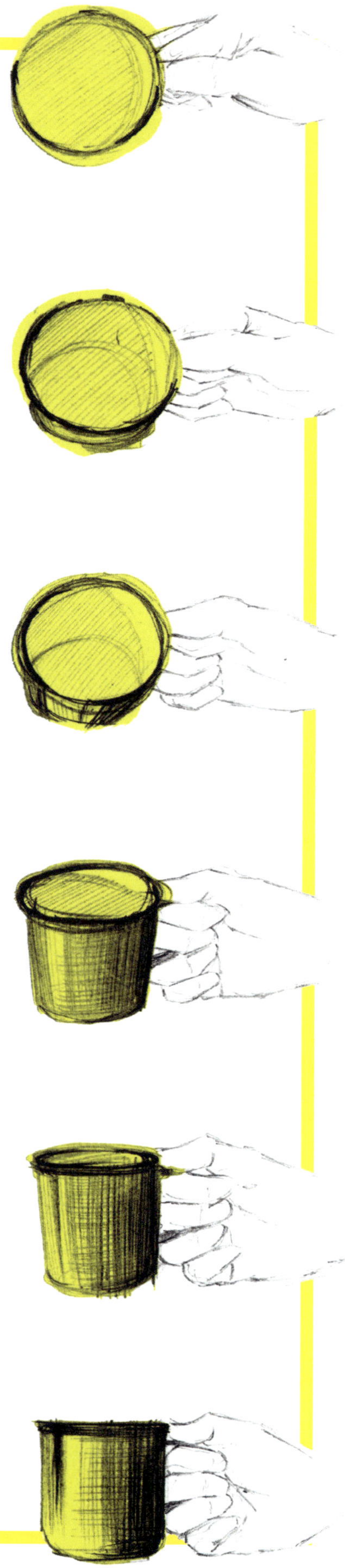

SKIZZIERE HIER

SKIZZIERE HIER

ZYLINDER

Stelle die Darstellung vom Zylinder nach, indem du dich umschaust, wo in deiner Umgebung bei einem Gegenstand ein Kreis zu einer Ellipse wird oder wo sich ein Zylinder versteckt.

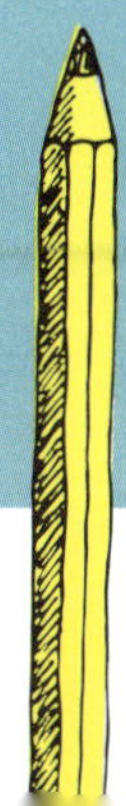

AUS 100 WIRD 1

Eine Spiegelreflexkamera besteht aus vielen unterschiedlichen Bauteilen, die optisch in jede geometrische Form aufzuschlüsseln sind. Beim Skizzieren von solchen Objekten oder von Gebäuden hilft dir genau dieser Blick für die Formvereinfachung.

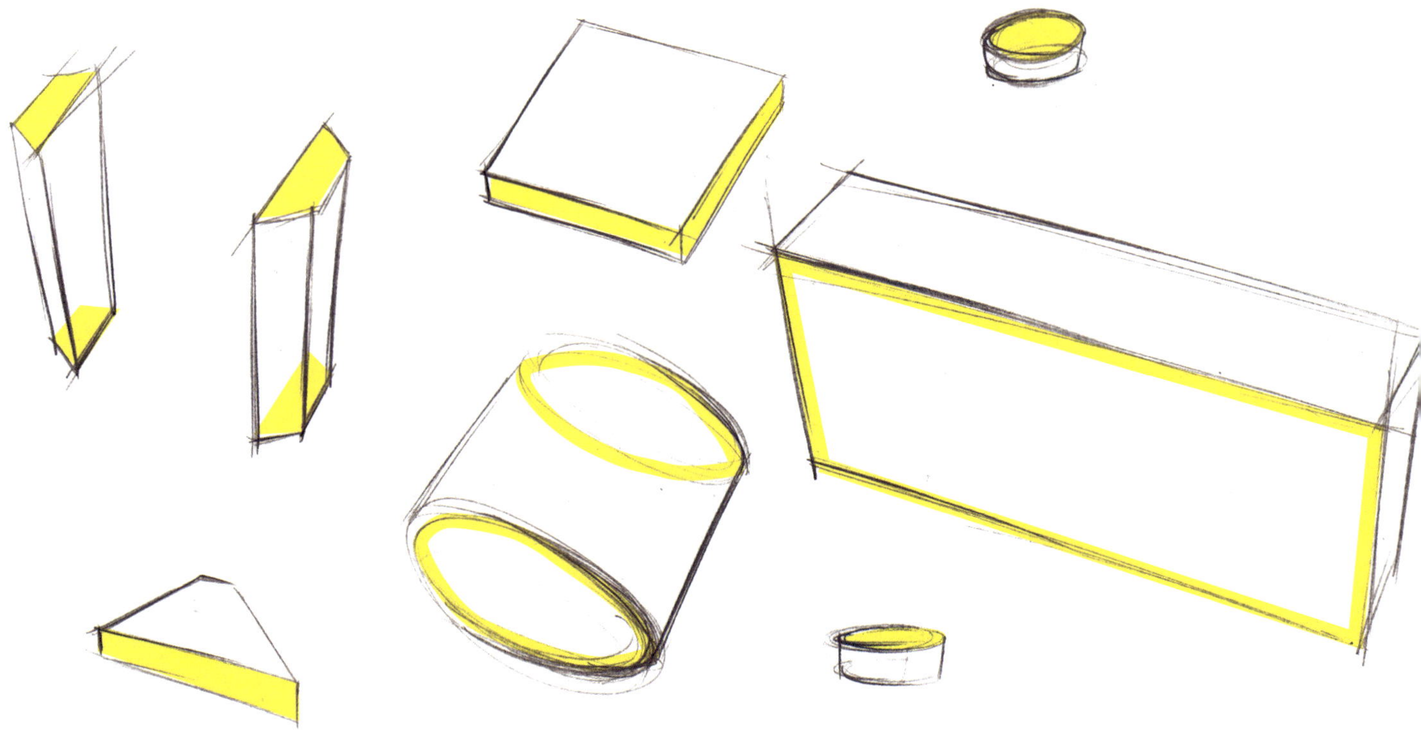

SKIZZIERE HIER

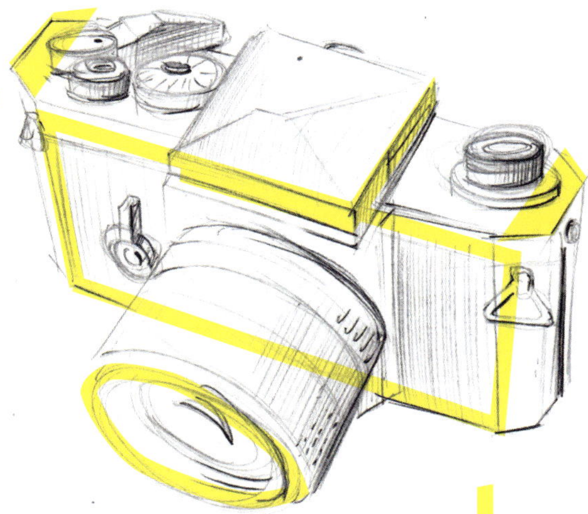

ÜBUNG

Zeichne die Spiegelreflexkamera mithilfe der beschriebenen geometrischen Formen nach. Natürlich kannst du auch andere Objekte zeichnen. Eine Taschenlampe oder eine Kirche z. B..

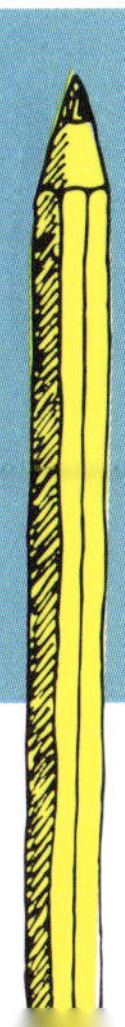

DIE EIN-PUNKT-PERSPEKTIVE

Bei der Ein-Punkt-Perspektive führen die seitlichen Kanten eines Objekts oder eines Raums zu einem Fluchtpunkt hin. Die senkrechten Kanten bleiben senkrecht. Je nach Blickwinkel liegt der Fluchtpunkt direkt hinter dem Objekt, unter oder über dem Objekt. Der Fluchtpunkt sollte auf der Horizontlinie liegen. Die Horizontlinie stellt deine Augenhöhe dar. Diese kann variieren, je nachem ob du auf dem Boden sitzt oder stehst oder dich z. B. auf einer Leiter befindest.

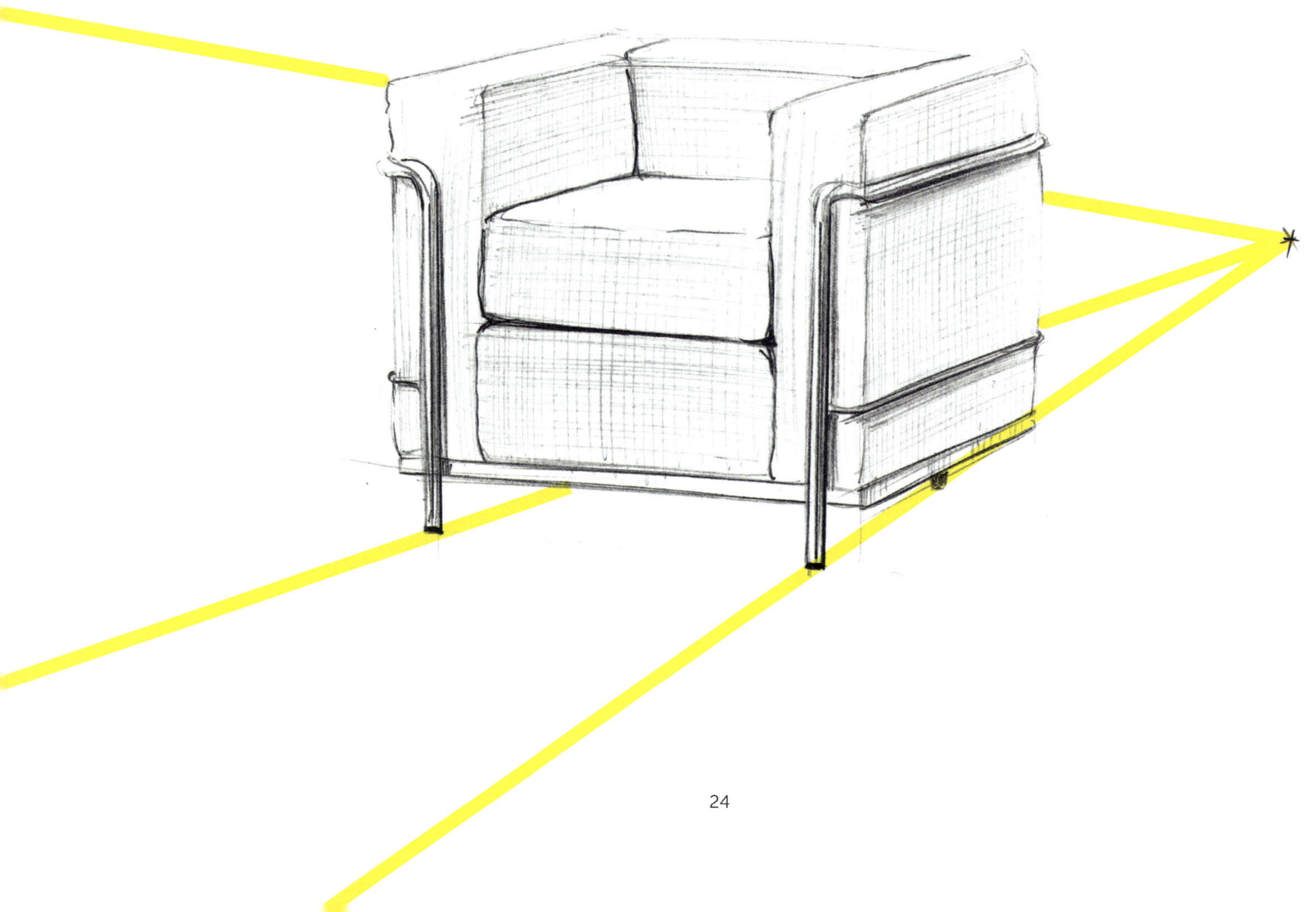

SKIZZIERE HIER

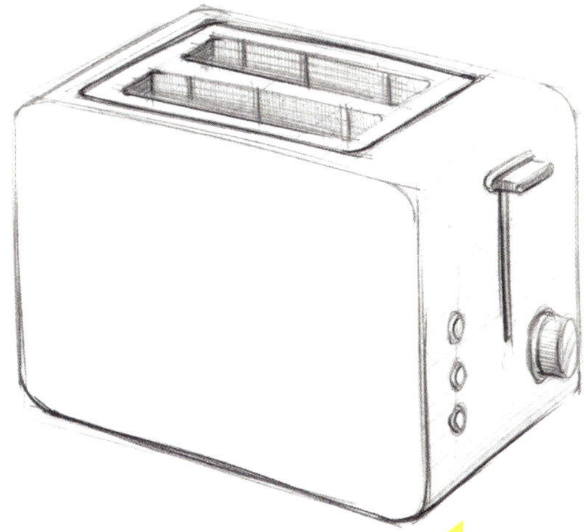

ÜBUNG

Zeichen den Toaster und den Sessel in der Ein-Punkt-Perspektive. Spiele bewusst mit der Augenhöhe bei deinen Zeichnungen.

DIE ZWEI-PUNKT-PERSPEKTIVE

Bei der Zwei-Punkt-Perspektive führen die Seiten eines Objekts oder Raums zu zwei Fluchtpunkten hin, die sich auf einer Horizontlinie befinden. Die senkrechten Kanten bleiben senkrecht. Je nach Abstand zum Objekt entfernen oder nähern sich die beiden Fluchtpunkte von- bzw. zueinander.

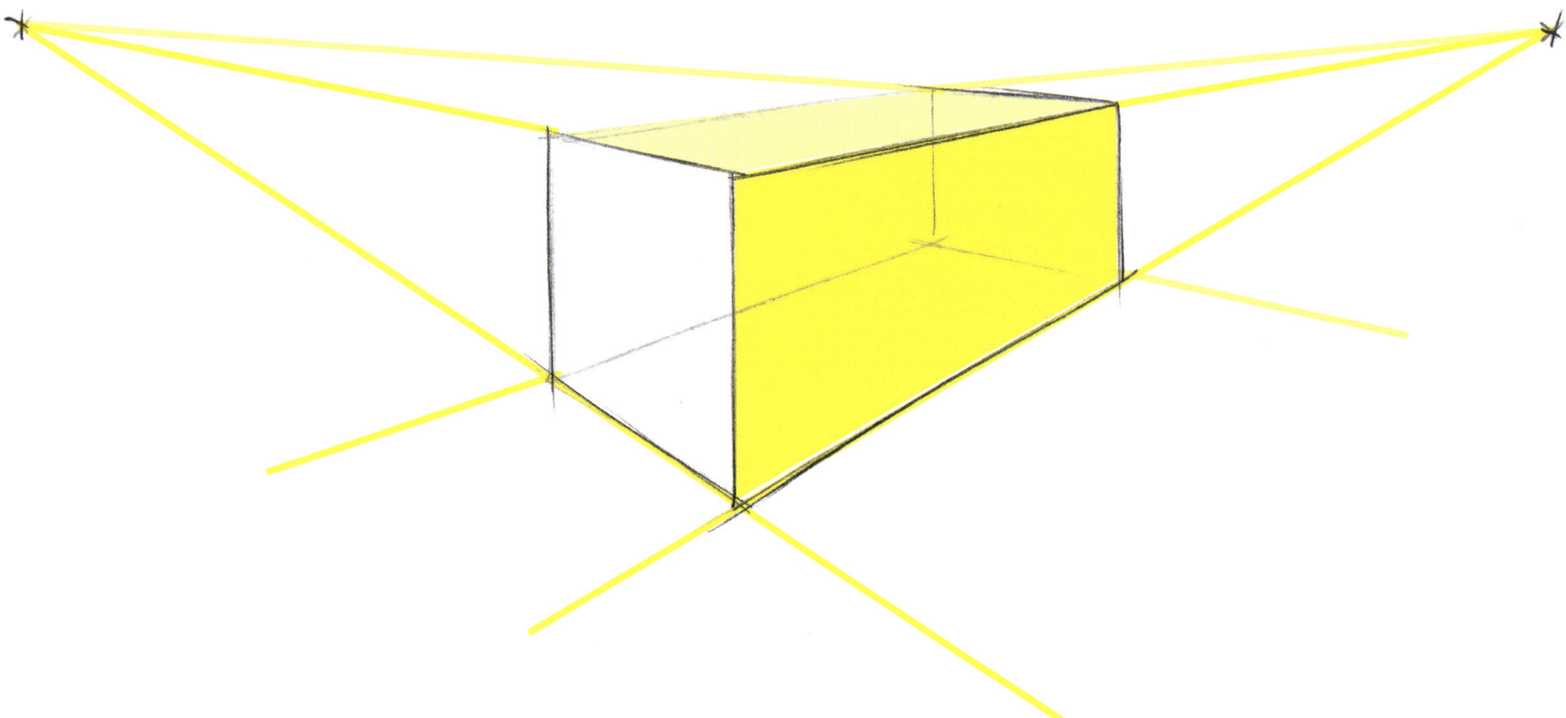

SKIZZIERE HIER

ÜBUNG

Zeichne den Toaster und den Sessel in der Zwei-Punkt-Perspektive. Spiele bewusst mit der Augenhöhe und gerne auch mit der Entfernung bei deinen Zeichnungen.

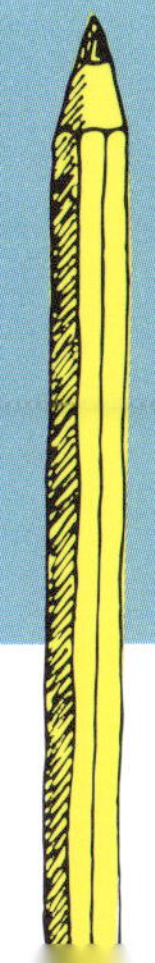

DIE DREI-PUNKT-PERSPEKTIVE

Bei der Drei-Punkt-Perspektive führen die Seiten eines Objekts oder Raums ebenfalls wie bei der Zwei-Punkt-Perspektive zu zwei Fluchtpunkten hin, die sich auf einer Horizontlinie befinden. Die senkrechten Kanten sind im Gegensatz zu den beiden anderen Perspektiven nicht senkrecht, sondern führen zu einem dritten Fluchtpunkt hin. Dieser befindet sich beim Blick von oben auf das Objekt unter dem Objekt und beim Blick von unten über dem Objekt. Du wirst schnell merken, dass der dritte Fluchtpunkt oft außerhalb deiner Zeichenfläche liegen sollte, um eine realistische Darstellung abzubilden. Denke dabei an ein Gebäude und deinen Blick nach oben zum Dach. Die Seitenkanten treffen sich deutlich über dem Gebäude, weit oben.

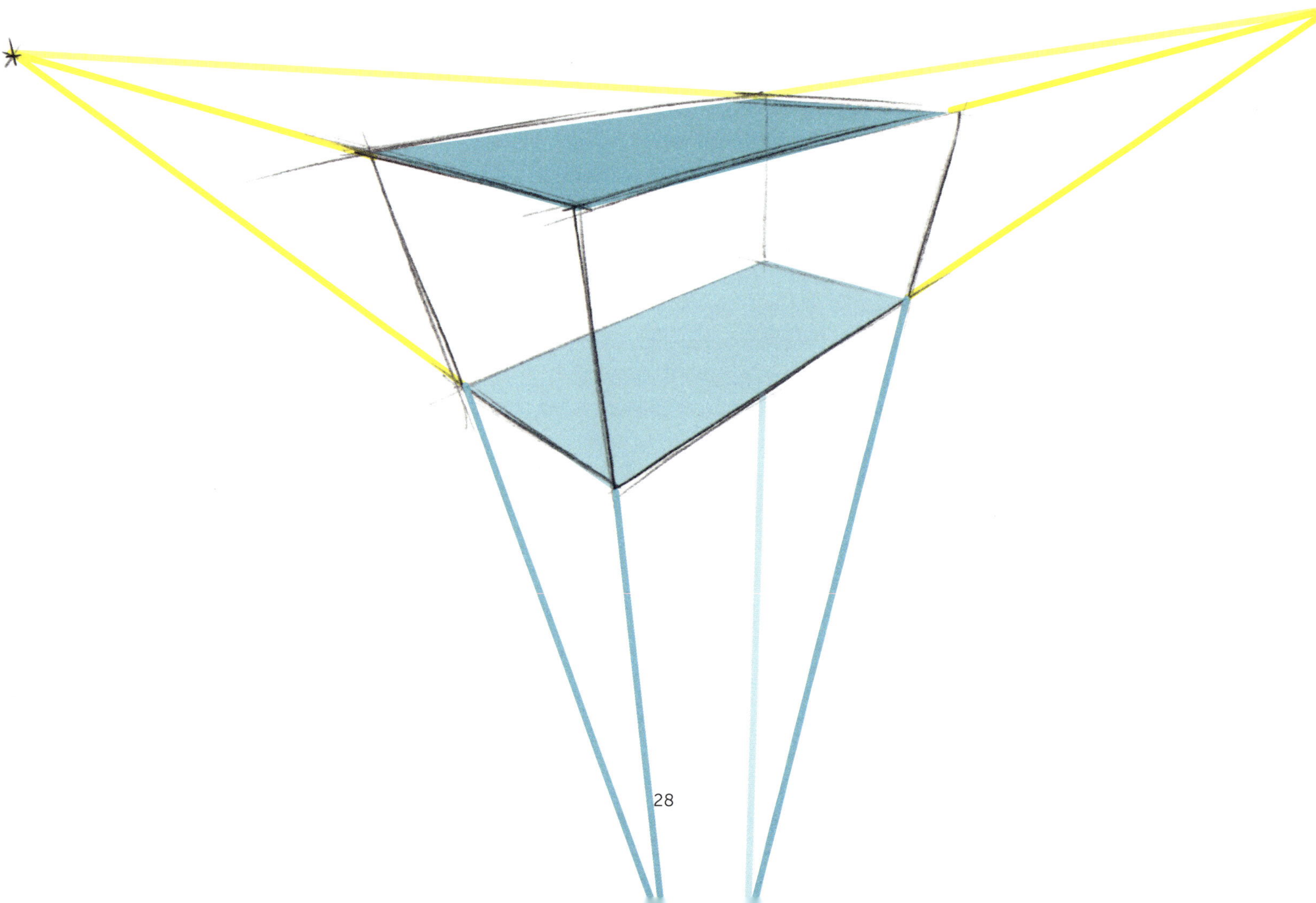

SKIZZIERE HIER

ÜBUNG

Zeichne den Toaster und den Sessel in der Drei-Punkt-Perspektive. Stelle dir vor, dass der Toaster auf einem Regal steht und du zu ihm von unten hinaufschaust. Bei dem Sessel könntest du dir vorstellen, dass dieser direkt vor dir steht und du von oben auf ihn schaust. Beide Zeichnungen können sowohl in der Ein-Punkt- wie auch in der Zwei-Punkt-Perspektive gezeichnet werden.

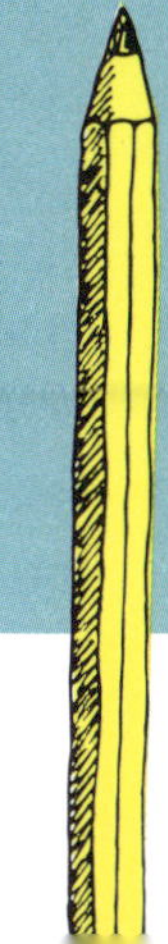

ARCHITEKTUR IN PERSPEKTIVE

In der Architektur funktioniert das Prinzip der Perspektive genauso wie bei den Objekten. Der einzige Unterschied liegt darin, dass die Fluchtpunkte oft weit vom Motiv entfernt sind. Zeichnest du diese zu nah aneinander, kann es sehr schnell passieren, dass das Gebäude verzerrt aussieht.

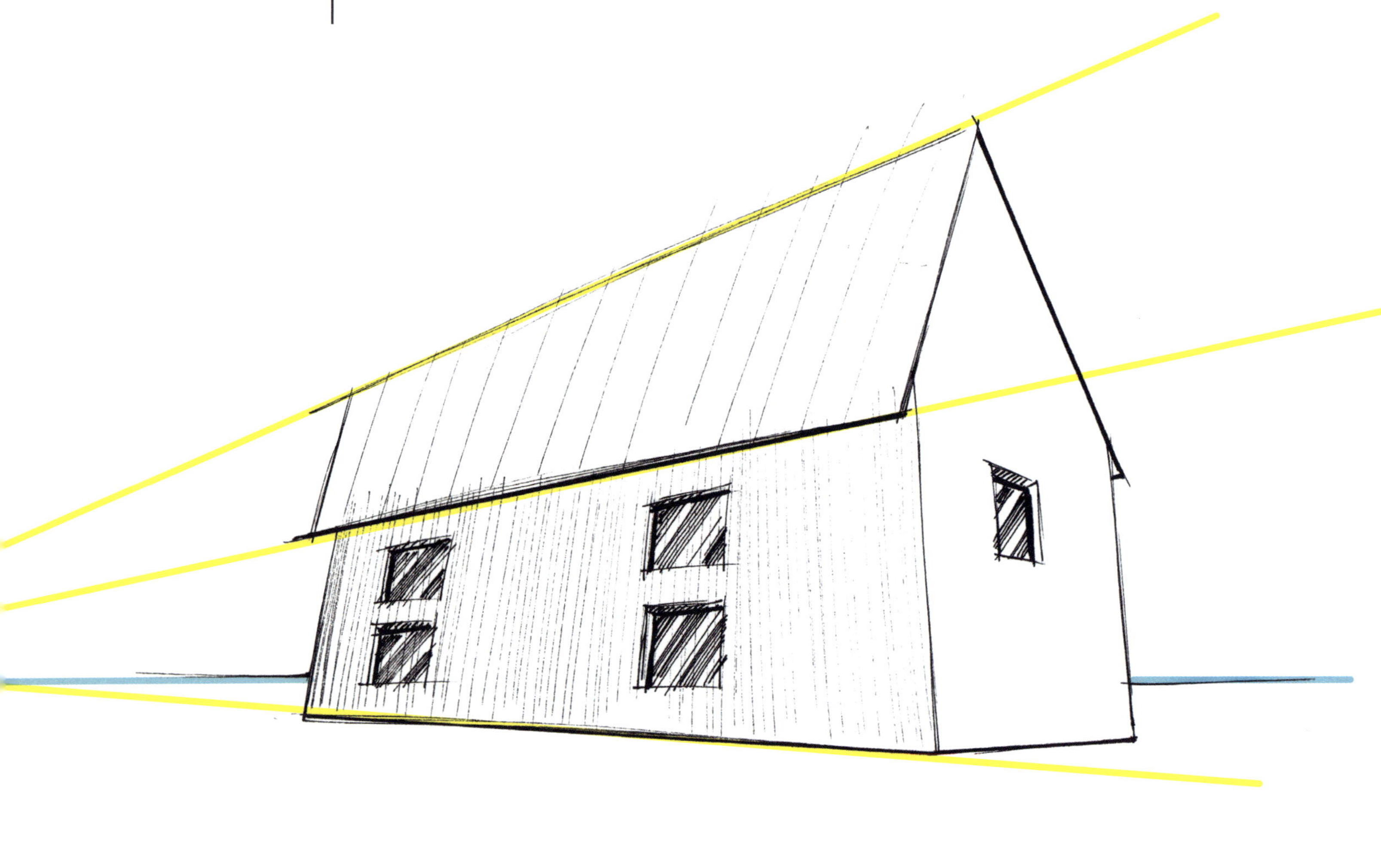

SKIZZIERE HIER

ÜBUNG

Zeichne ein ähnliches Gebäude wie das Gebäude links in allen drei Perspektiven. Am einfachsten wird es sein, wenn du rausgehst und dich umschaust. Suche bei den Gebäuden, die du siehst, die Fluchtpunkte. Denke daran, dass diese auf deiner Horizontlinie (Augenhöhe) liegen sollten.

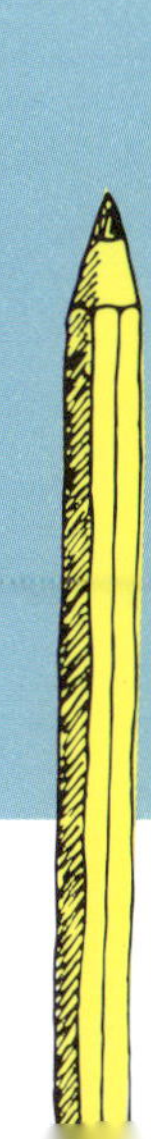

RAUM: EIN-PUNKT-PERSPEKTIVE

Für eine Ein-Punkt-Perspektive im Raum verwende die gleiche Methode wie bei Objekten oder Architektur. Wichtig ist hierbei die Tatsache, dass du nicht auf das Objekt oder das Gebäude von außen schaust, sondern dich meist im Raum befindest. Das bedeutet, dass die vordere Wand nicht gezeichnet wird.

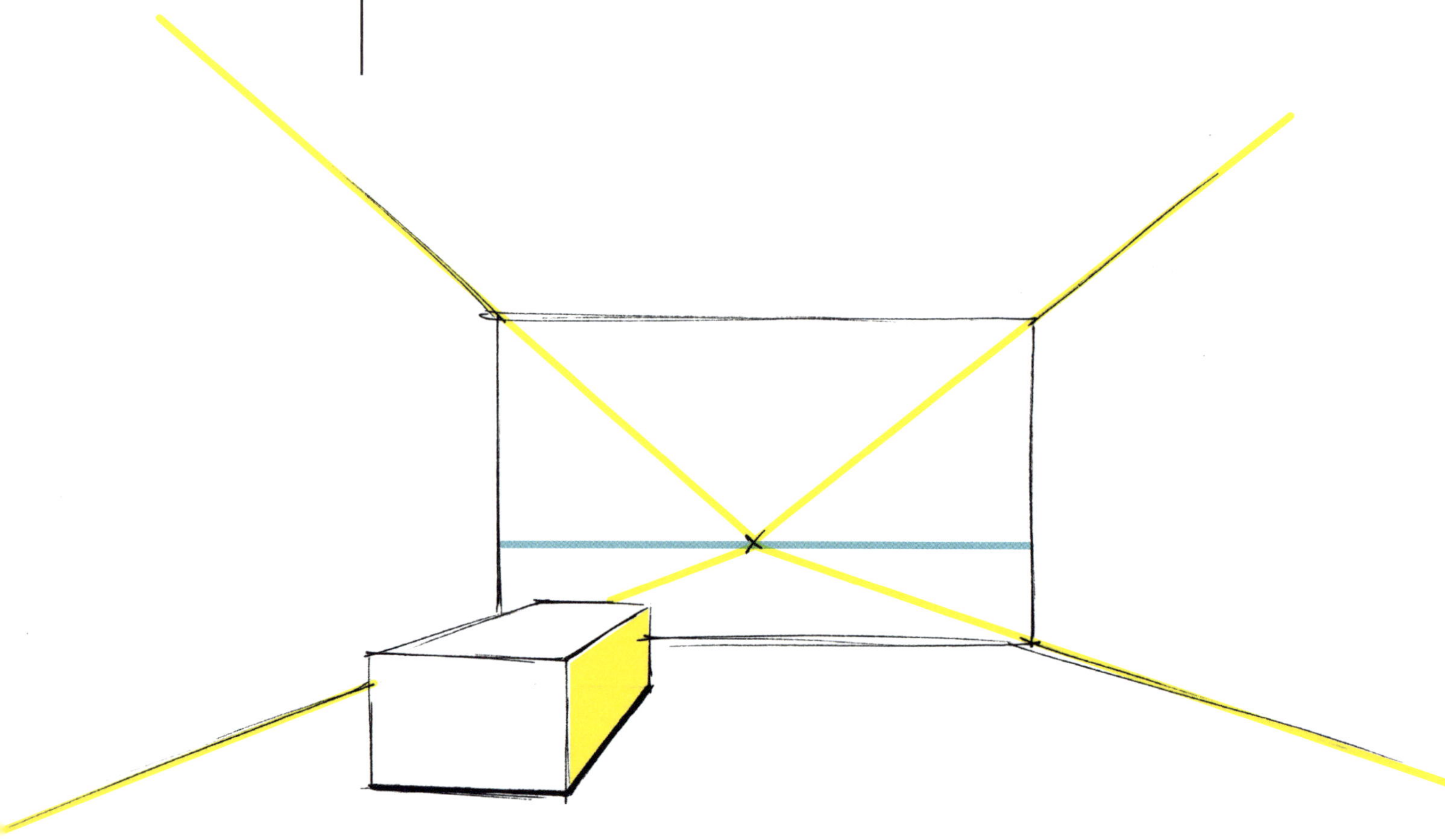

SKIZZIERE HIER

AUFGABE

Zeichne einen Raum mit einem darin enthaltenen Objekt in der Ein-Punkt-Perspektive. Spiele dabei mit der Breite und Höhe der Wand im Hintergrund.

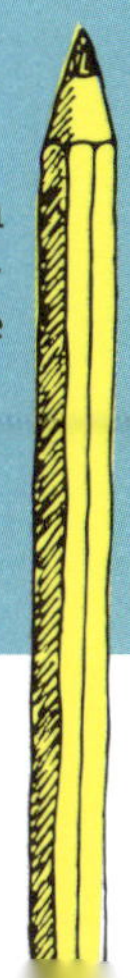

RAUM: ZWEI-PUNKT-PERSPEKTIVE

Für eine Zwei-Punkt-Perspektive im Raum verwende die gleiche Methode wie bei Objekten oder Architektur. Achte dabei darauf, dass die Raumhöhe sich mindestens zweimal in der Entfernung Raumkante zum Fluchtpunkt wiederfindet. So bekommst du einen ausgewogenen Blick in deinen Raum.

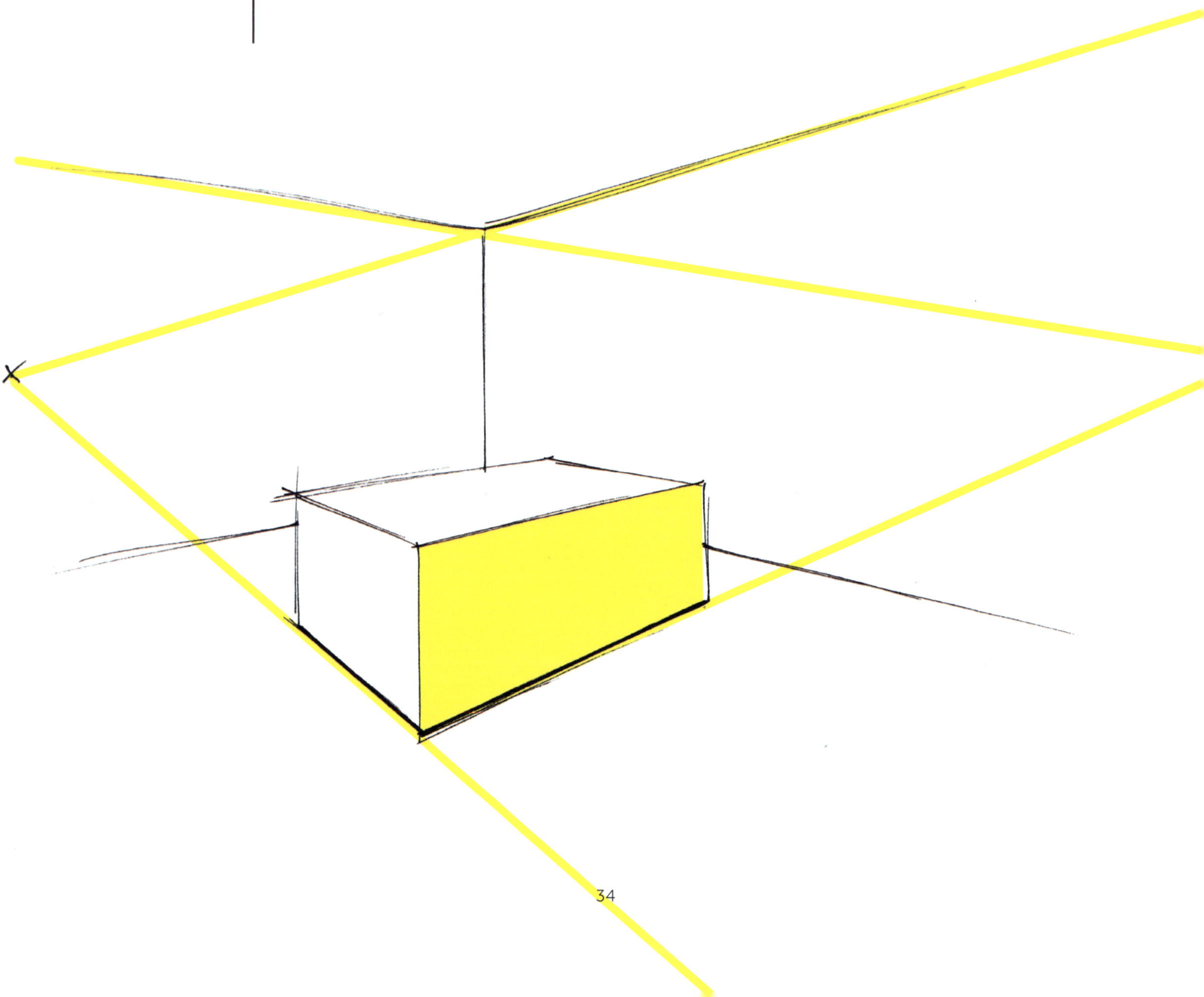

SKIZZIERE HIER

AUFGABE

Zeichne einen Raum mit einem darin enthaltenen Objekt in der Zwei-Punkt-Perspektive. Spiele dabei mit der Raumhöhe und der Entfernung der beiden Fluchtpunkte. Achte dabei darauf, wie sich die Wirkung des Raums verändert.

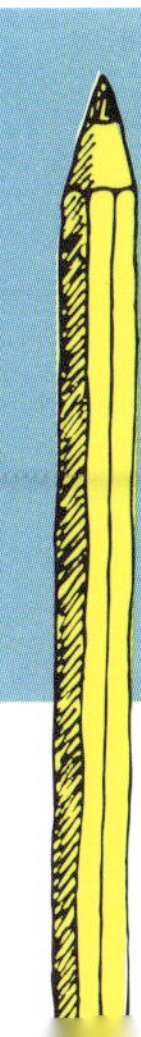

RAUM: DREI-PUNKT-PERSPEKTIVE

Einen Raum in Drei-Punkt-Perspektive sieht man eigentlich selten. Das wäre der Fall, wenn wir auf einer Galerie stehen und in den Raum unter uns hineinschauen oder wir uns in einem Raum mit hohen Decken befinden, wie z. B. eine Kirche, und leicht nach oben schauen. Hier wird das Prinzip der Perspektive wie bei dem Objekt verwendet. Auch hierbei hat die Horizontlinie große Bedeutung.

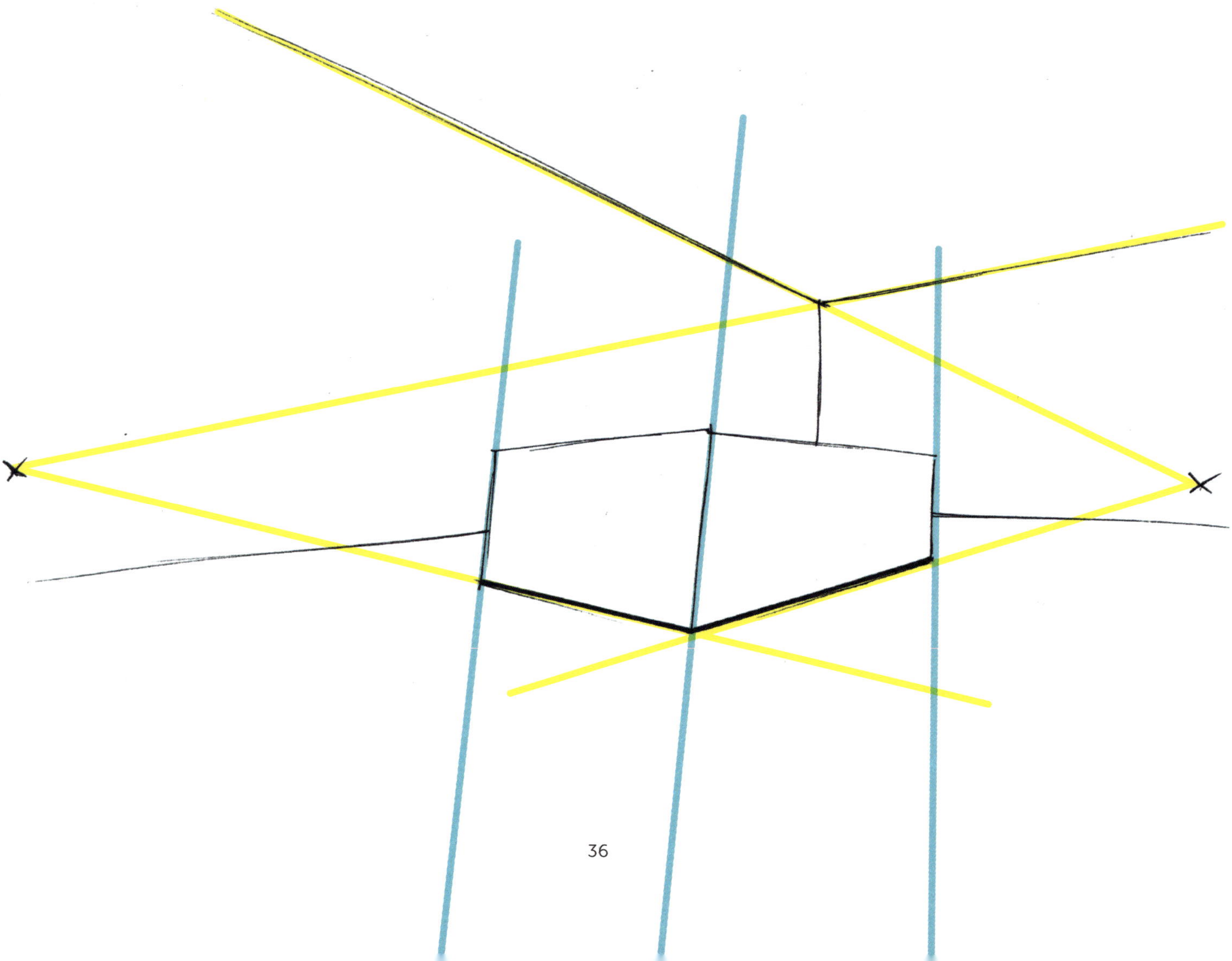

SKIZZIERE HIER

AUFGABE

Zeichne einen Raum mit einem darin enthaltenen Objekt in der Drei-Punkt-Perspektive. Stelle dir vor, du bist in einem Museum mit großen Räumen und schaust nach oben zu der Galerie und dann nochmals von der Galerie ins Foyer hinunter.

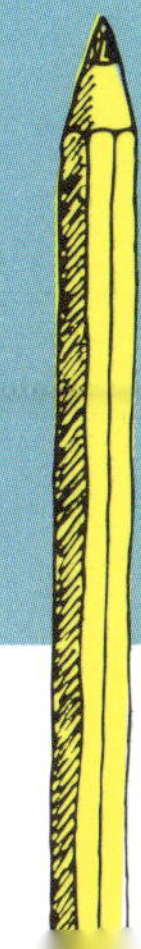

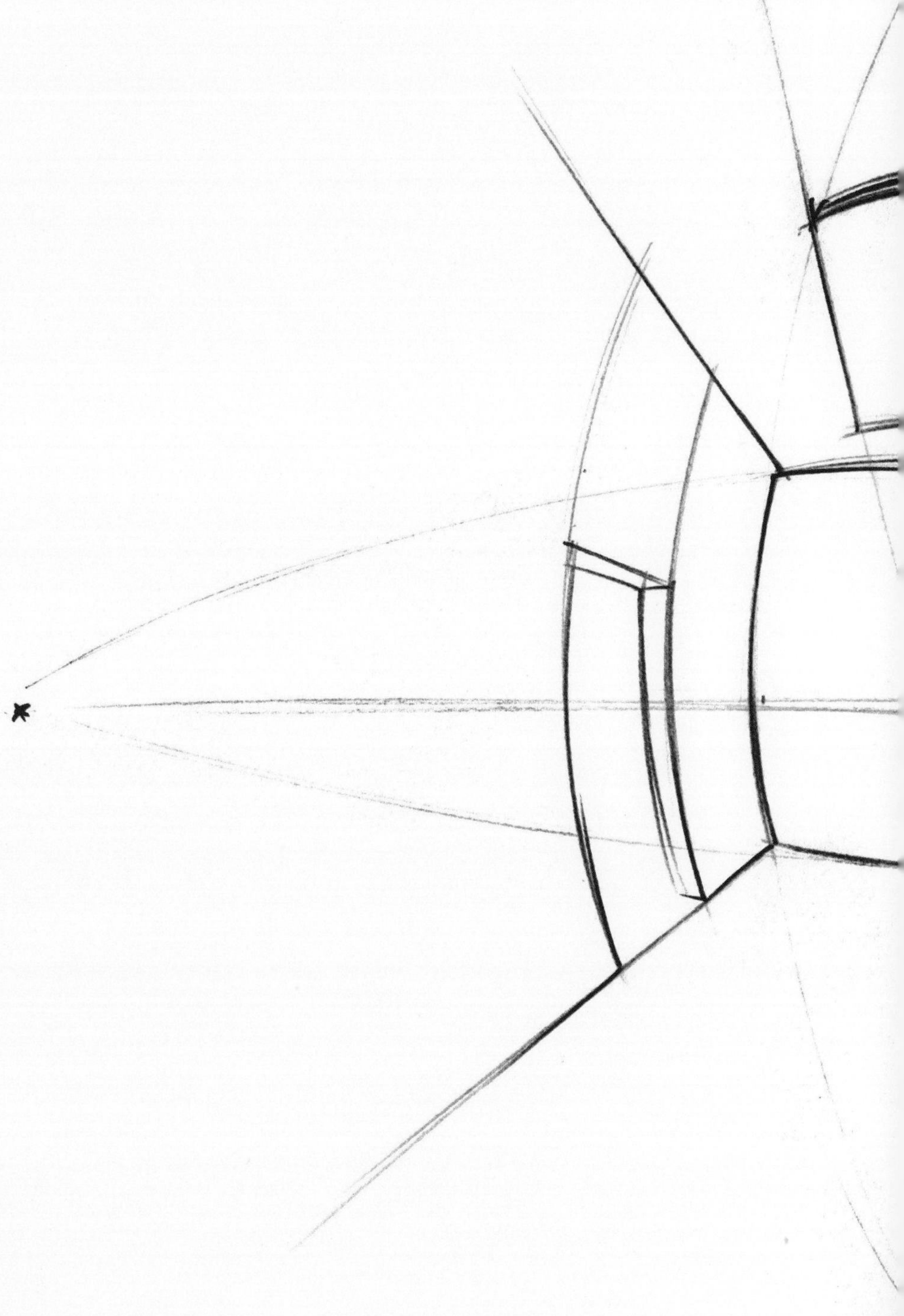

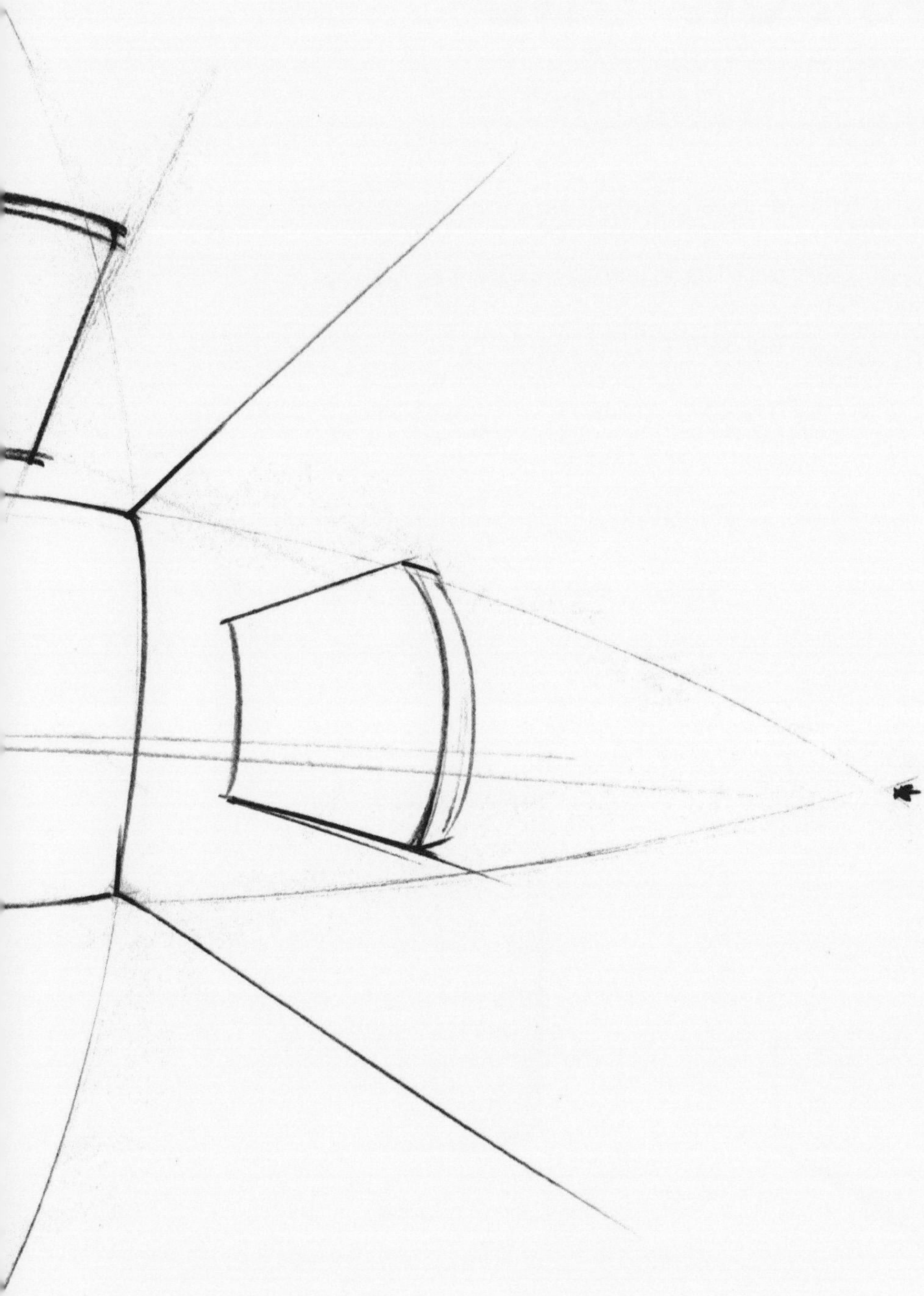

SCHRAFFUR UND IHRE WIRKUNG

Um deinen Zeichnungen eine Tiefe zu verleihen, gibt es neben den Kontrastlinien auch die Schraffur. Die Schraffur sorgt dafür, dass wir Licht und Schatten besser verstehen und somit die Zeichnung stimmungsvoller wirkt.

Eine einfache Schraffur wird nur einmal entlang der senkrechten Seite schraffiert. Bei einer Kreuzschraffur hingegen wird die Fläche in beide Richtungen schraffiert. Je nach Schnelligkeit deiner Zeichnung kannst du mit den beiden Schraffurarten experimentieren.

Achte aber darauf, dass jede Seite eine unterschiedliche Lichtintensität hat. Um es dir einfacher zu machen, kannst du die obere Seite leicht oder gar nicht schraffieren, die dem Licht zugewandte mittel und die vom Licht abgewandte Seite deutlich dunkler.

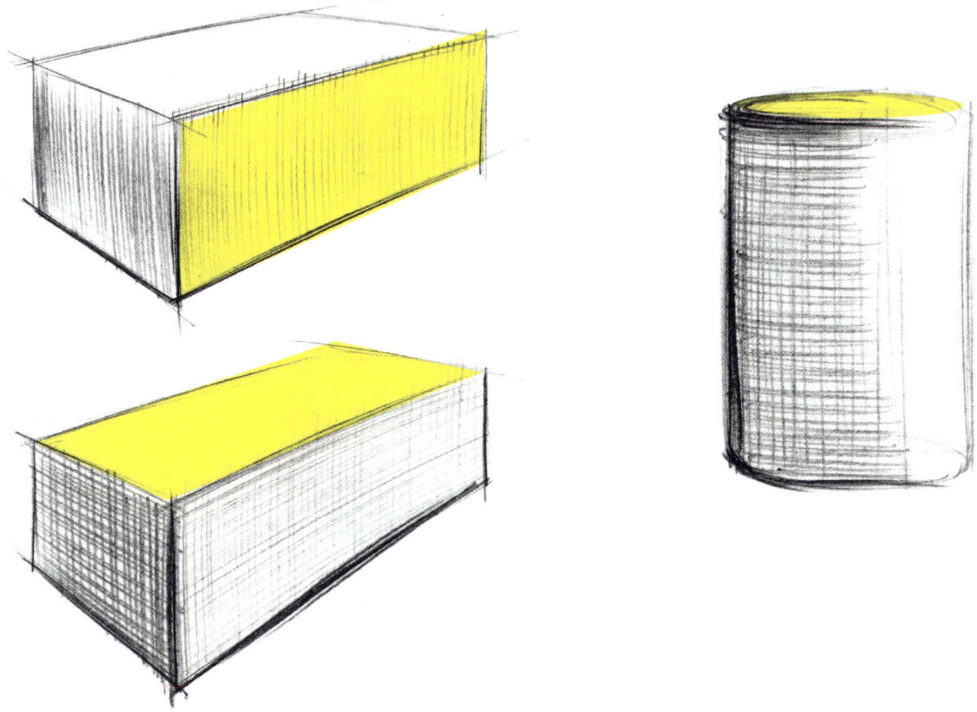

SKIZZIERE HIER

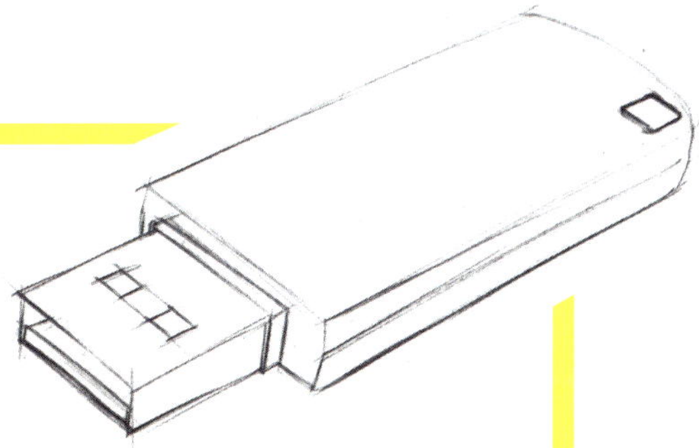

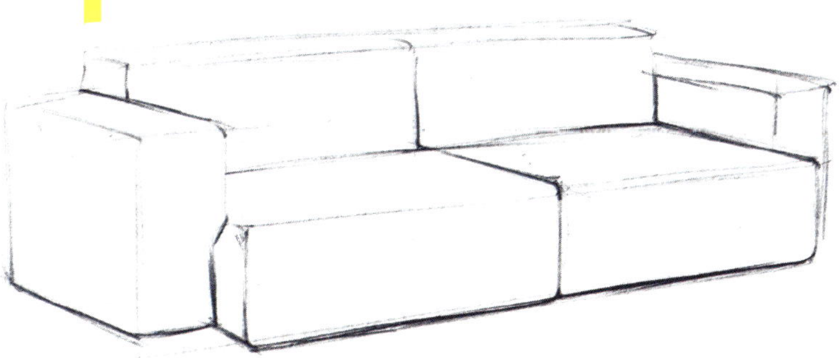

AUFGABE

Zeichne den USB-Stick und die Couch nach und stelle unterschiedliche Lichtverhältnisse dar. Bei der ersten Version kommt das Licht von links und bei der zweiten Version deiner Zeichnungen von rechts.

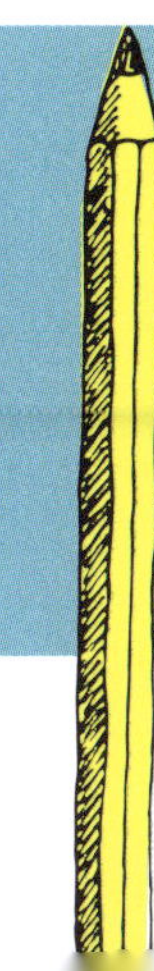

FORMSCHRAFFUR

Um runde Objekte wie Flaschen, Zylinder oder Säulen zu schraffieren, verwende die Formschraffur. Hierbei wird neben den senkrechten Schraffurlinen mit zusätzlichen horizontalen Linien die Form mitbetont.

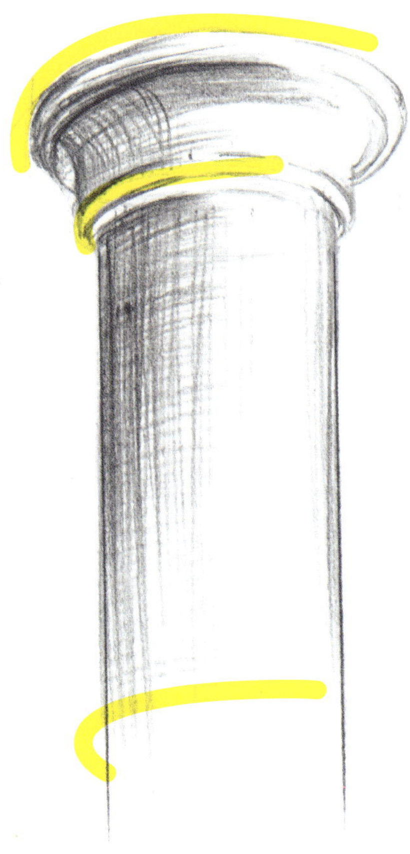

SKIZZIERE HIER

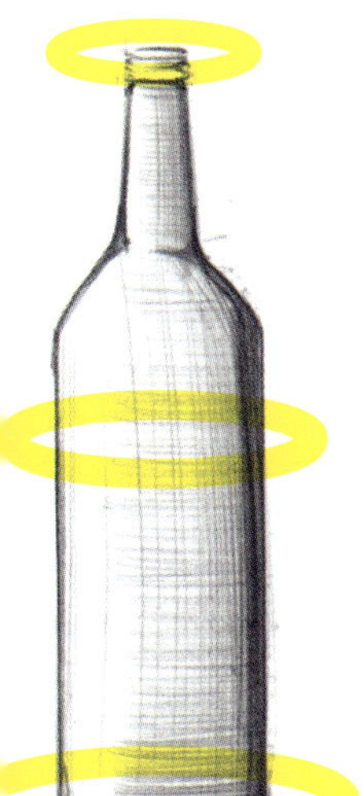

AUFGABE

Zeichne mehrere Zylinder und schraffiere diese. Hierbei kann das Licht von links, rechts, aber auch von vorn kommen. Skizziere dann verschiedene Objekte, wie eine Taschenlampe, runde Tischbeine etc., und arbeite diese mit der Formschraffur aus.

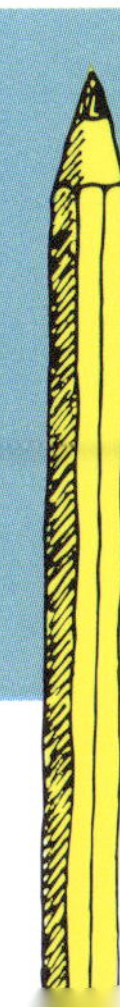

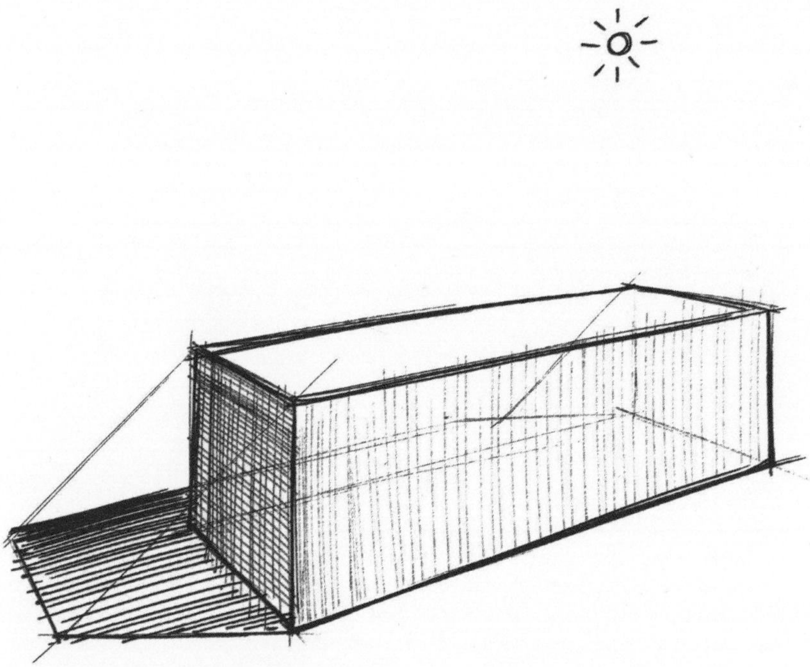

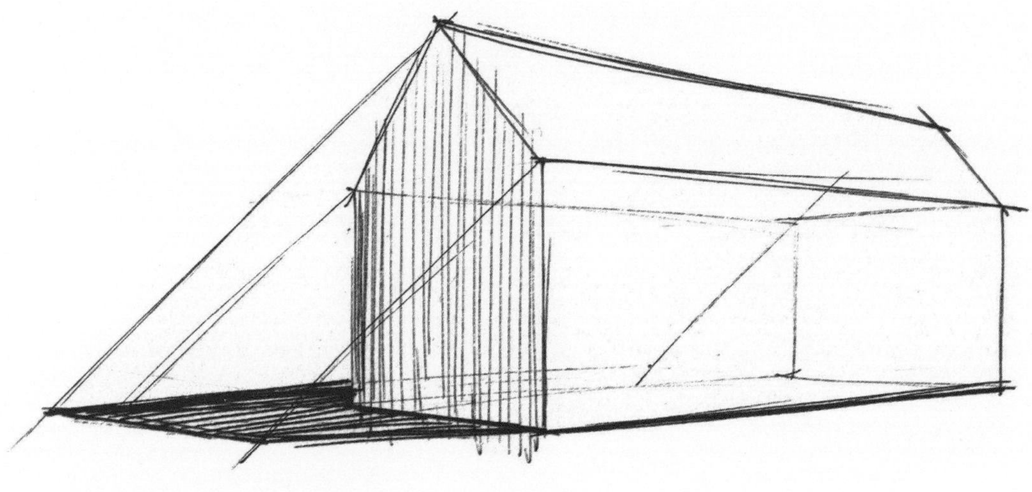

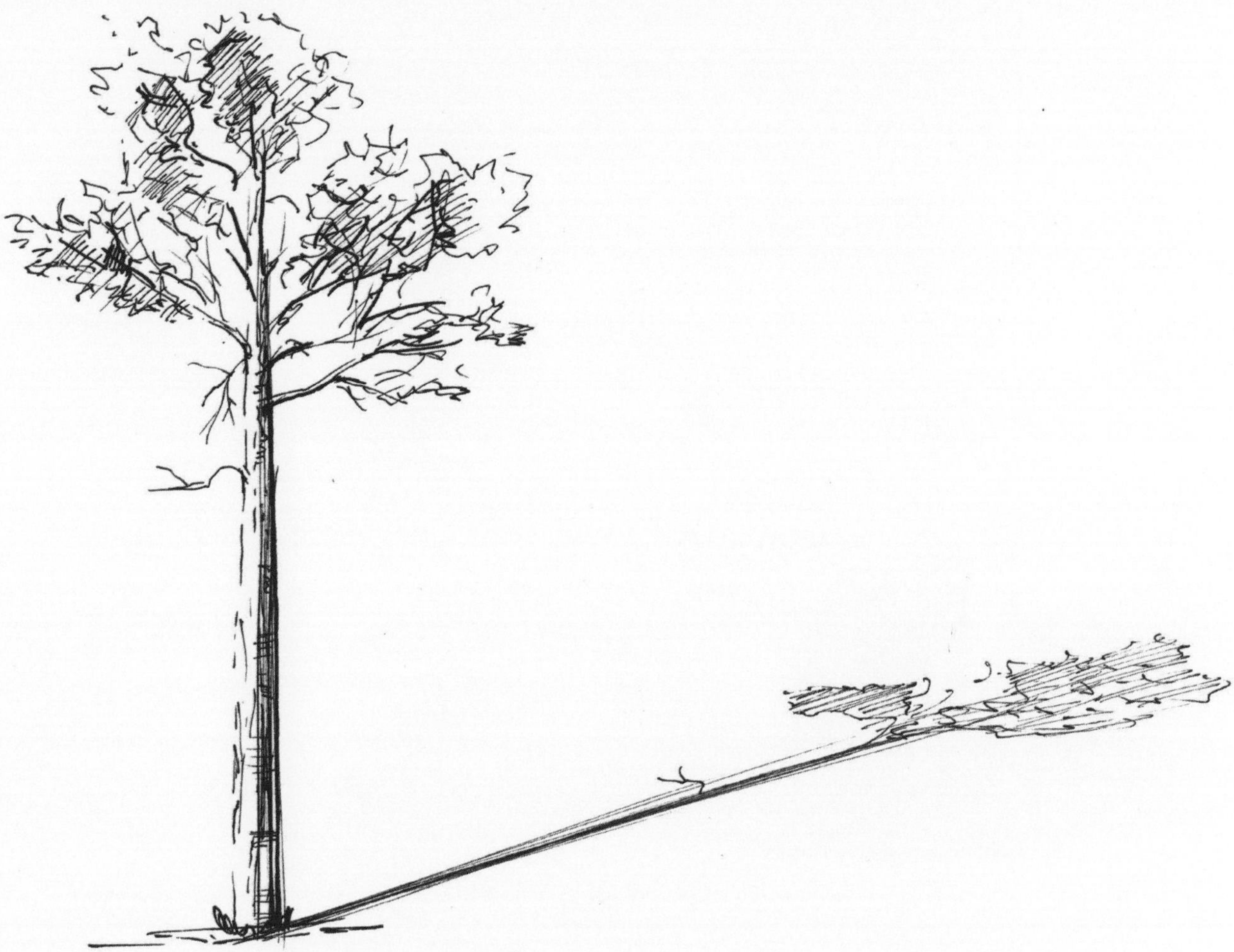

SCHATTEN

Ein Schatten rückt das Objekt ins richtige Licht und schafft wie die Schattierung zusätzliche Stimmung in deiner Zeichnung. Die meisten fragen sich bei ihrer Zeichnung, ob und wie ein Schatten zu konstruieren ist. Im Prinzip gibt es eine einfache und eine schwierigere Variante. Die einfache funktioniert wie folgt:

1. Ziehe von den unteren drei Eckpunkten des Objekts eine waagerechte Linie in die Richtung, in die der Schatten geworfen werden soll (hier nach links).

2. Ziehe dann parallele Linien von den oberen drei Eckpunkten in einem 45-Grad-Winkel. (So imitierst du den Lichteinfall.)

3. Nun verbinde die drei Schnittpunkte und verlängere die Kanten bis zu den drei unteren Eckpunkten des Objekts. Die daraus entstandene Fläche ist die Schattenfläche, die das Objekt auf den Boden wirft.

Wichtig! Wenn der Schatten nach links fällt, muss die linke Fläche des Objekts am dunkelsten schraffiert werden. Das ist der Eigenschatten des Objekts.

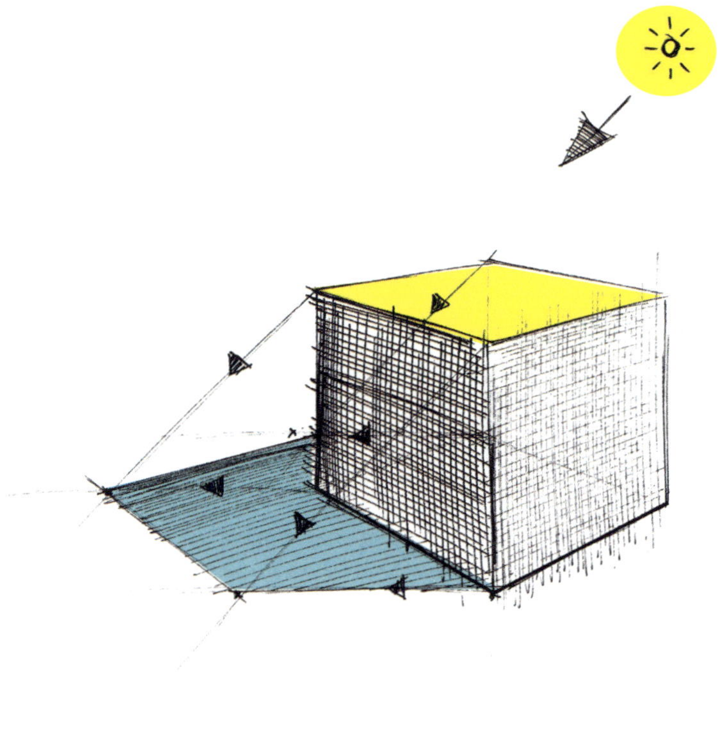

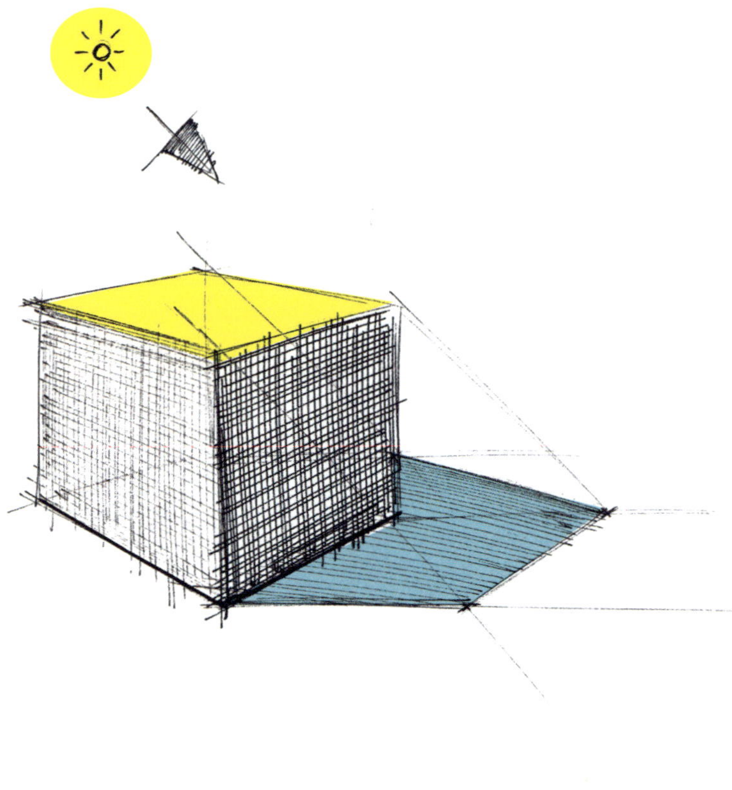

SKIZZIERE HIER

AUFGABE

Zeichne unterschiedlich große Rechtecke und konstruiere den Schatten einmal zur linken und dann zur rechten Seite fallend. Gerne kannst du auch den Winkel von 45 Grad auf 30 oder 60 Grad verändern. Damit sagst du aus, ob das Licht weiter von oben oder flacher auf das Objekt fällt. Achte darauf, wie sich der Schatten dann verändert.

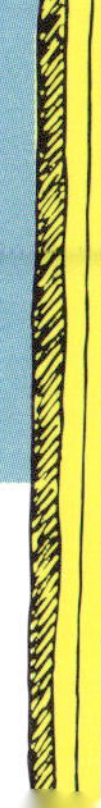

SCHATTEN IM RAUM

Licht und Schatten schaffen Atmosphäre im Raum. Je nach Position der Fenster fällt das Licht unterschiedlich in den Raum. Auch die Intensität des Lichts spielt für den Schatten eine Rolle. Künstliches Licht wirkt sich ebenfalls auf den Schatten aus. In diesem Beispiel siehst du, wie das Licht in den Raum fällt. Hier wird das gleiche Prinzip der Schattenkonstruktion wie bei der Schachtel angewendet.

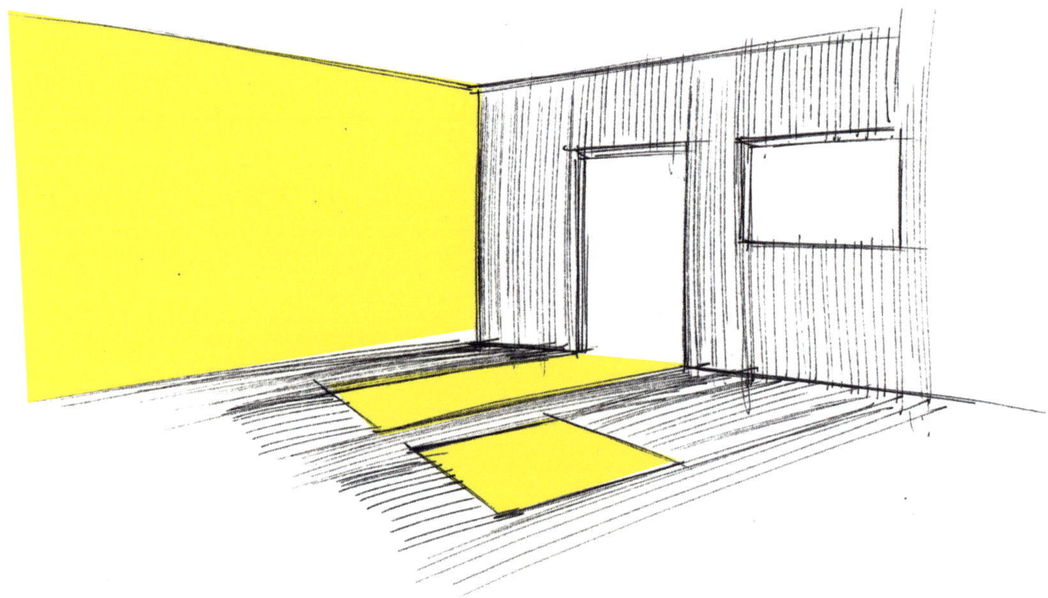

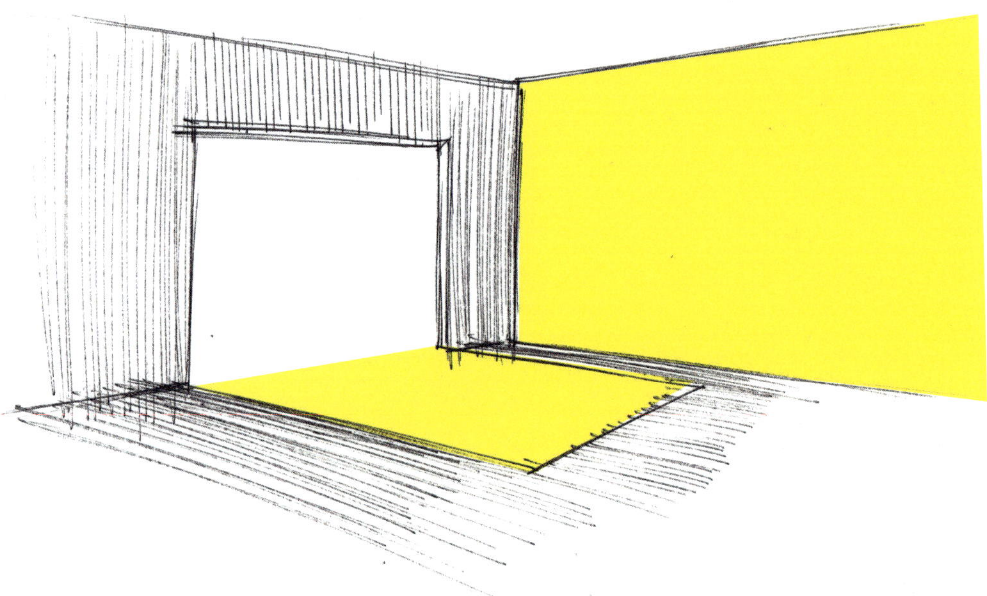

SKIZZIERE HIER

ÜBUNG

Überlege dir einen Raum mit unterschiedlich großen Fenstern und Türen. Stelle dort ein bis zwei Objekte hinein. Skizziere jetzt den Schattenverlauf auf den Boden und schraffiere die sich im Schatten befindlichen Seiten des Raums und der Objekte aus.

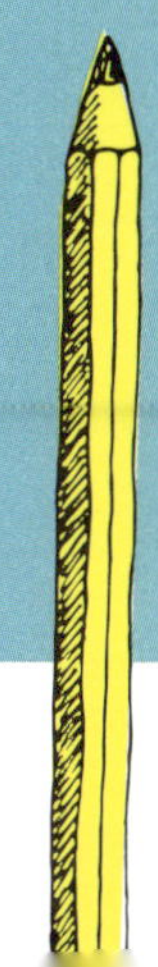

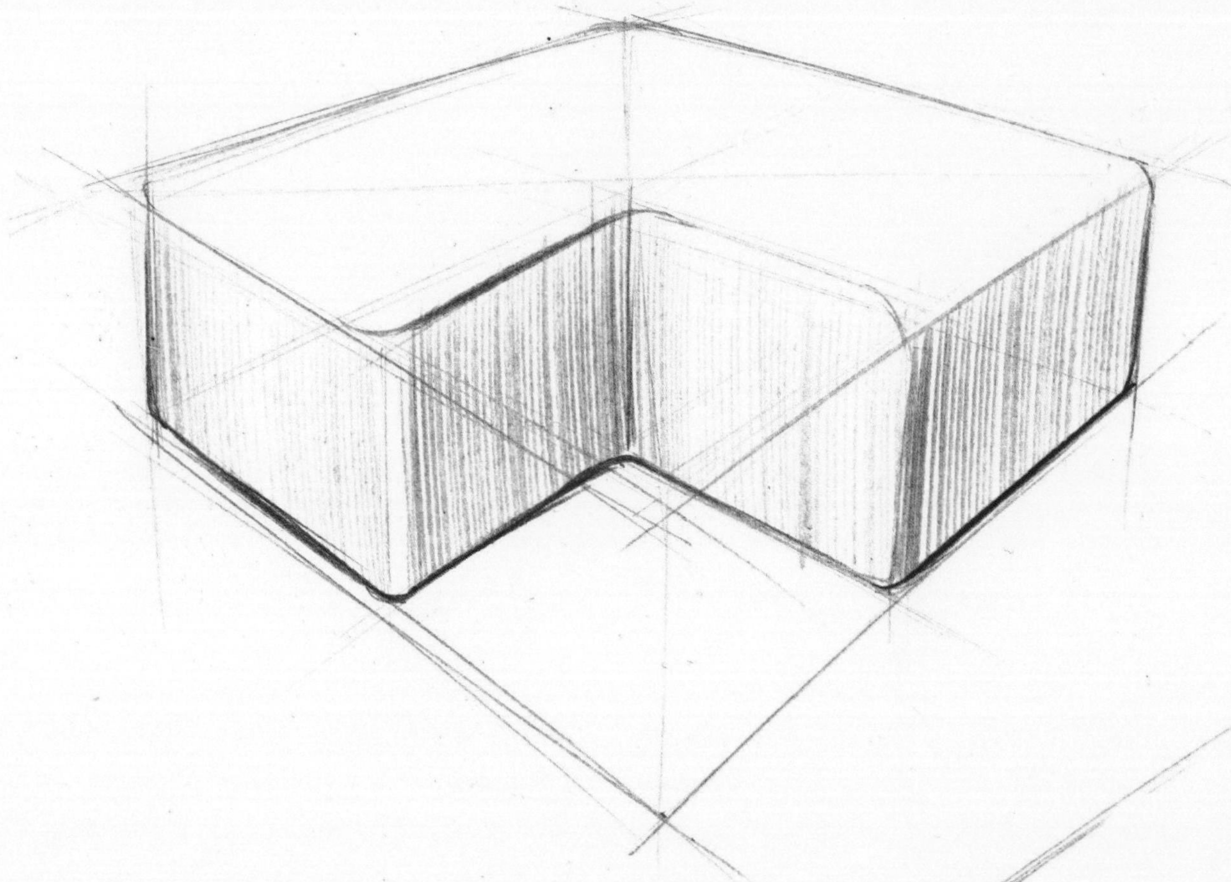

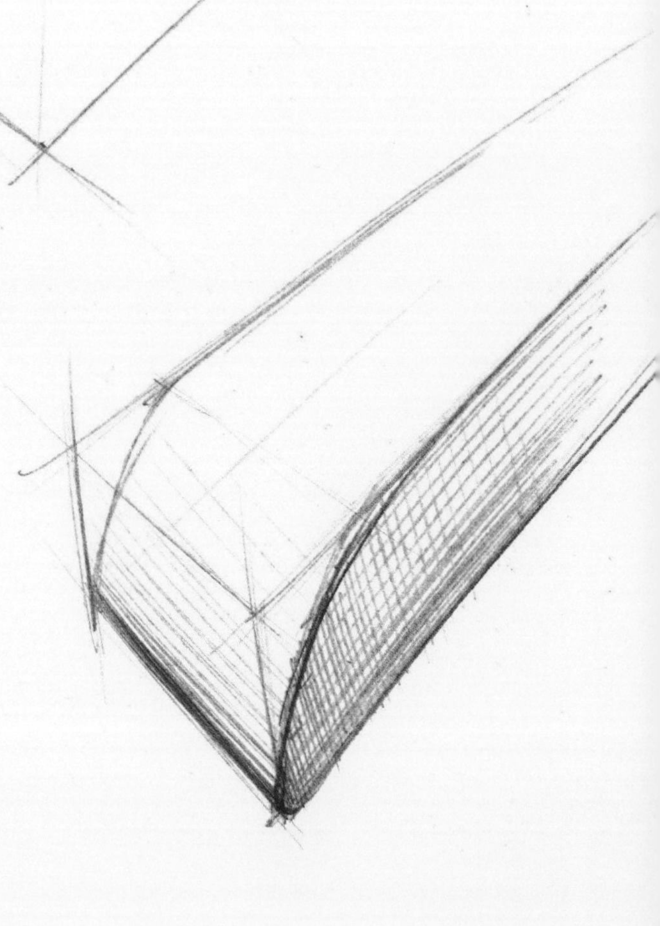

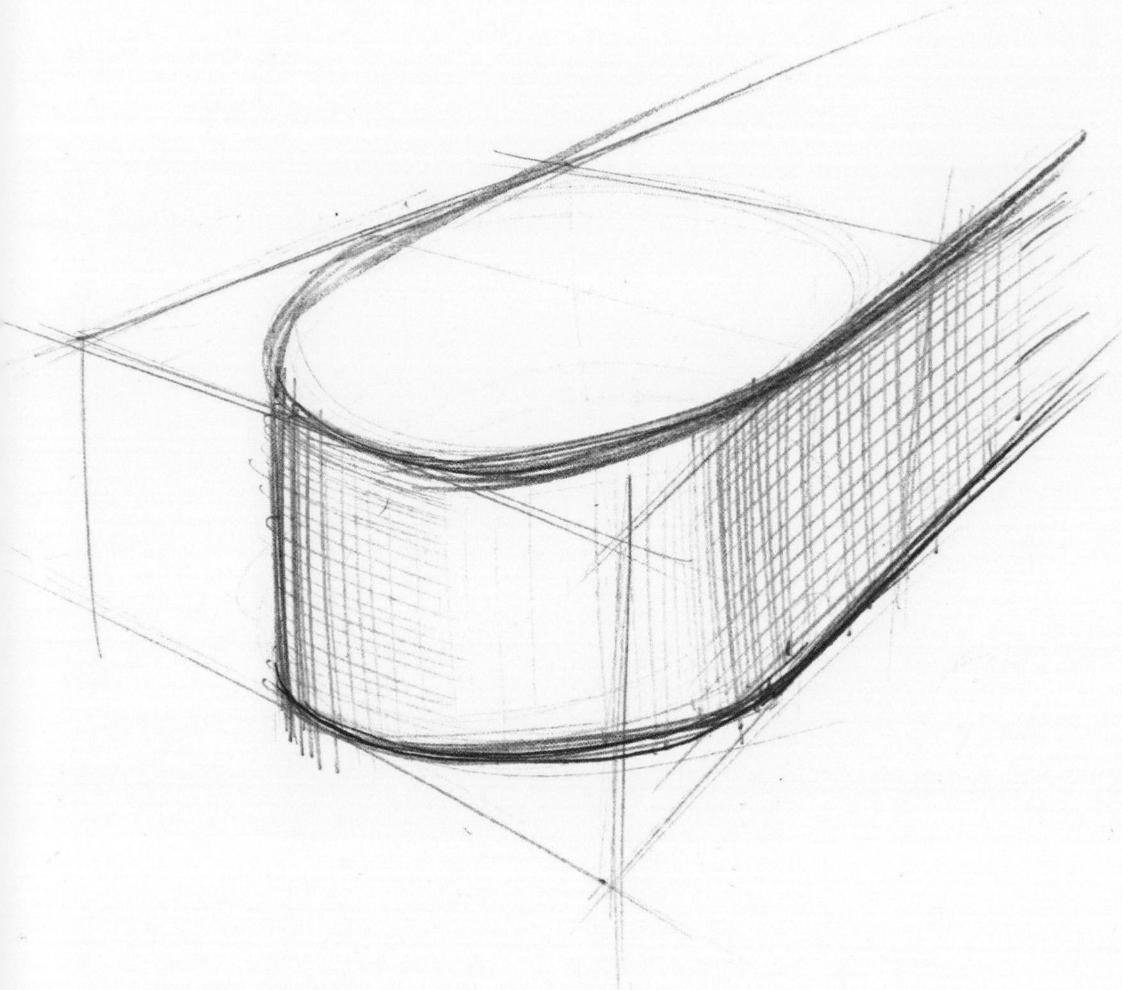

FORM-VEREINFACHUNG &

○○○

Ähnlich wie bei der Übung mit den geometrischen Formen lässt sich auch bei der Übung der Formvereinfachung zeichnen. Jetzt arbeitest du aber auf Zeit und aus der Erinnerung. Zeichne folgende Begriffe in jeweils Zwei-Minuten-Skizzen: VW-Käfer, Oma, Tulpen, Spaceshuttle, Pokal, Fisch.

SKIZZIERE HIER

SKIZZIERE HIER

… ZEITERSPARNIS

Hast du die Formen richtig aus deiner Erinnerung getroffen? Oft setzen wir vieles als selbstverständlich voraus, weil wir nicht genug beobachten. Zeichnen heißt: richtig sehen lernen.

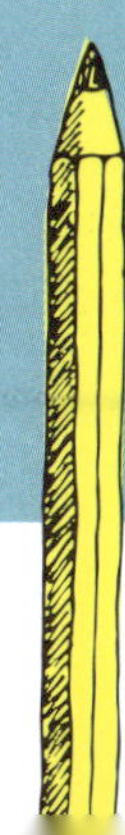

BAUE SPANNUNG AUF

Die gleiche Situation unterschiedlich fokussiert. Um einer Zeichnung mehr Spannung zu verleihen, versuche wie eine Spiegelreflexkamera zu sehen. Worauf würdest du den Fokus setzen? Auf ein Detail, ein Objekt im Hintergrund oder eines im Vordergrund?

In diesem Beispiel habe ich unterschiedliche Fokusse gesetzt.

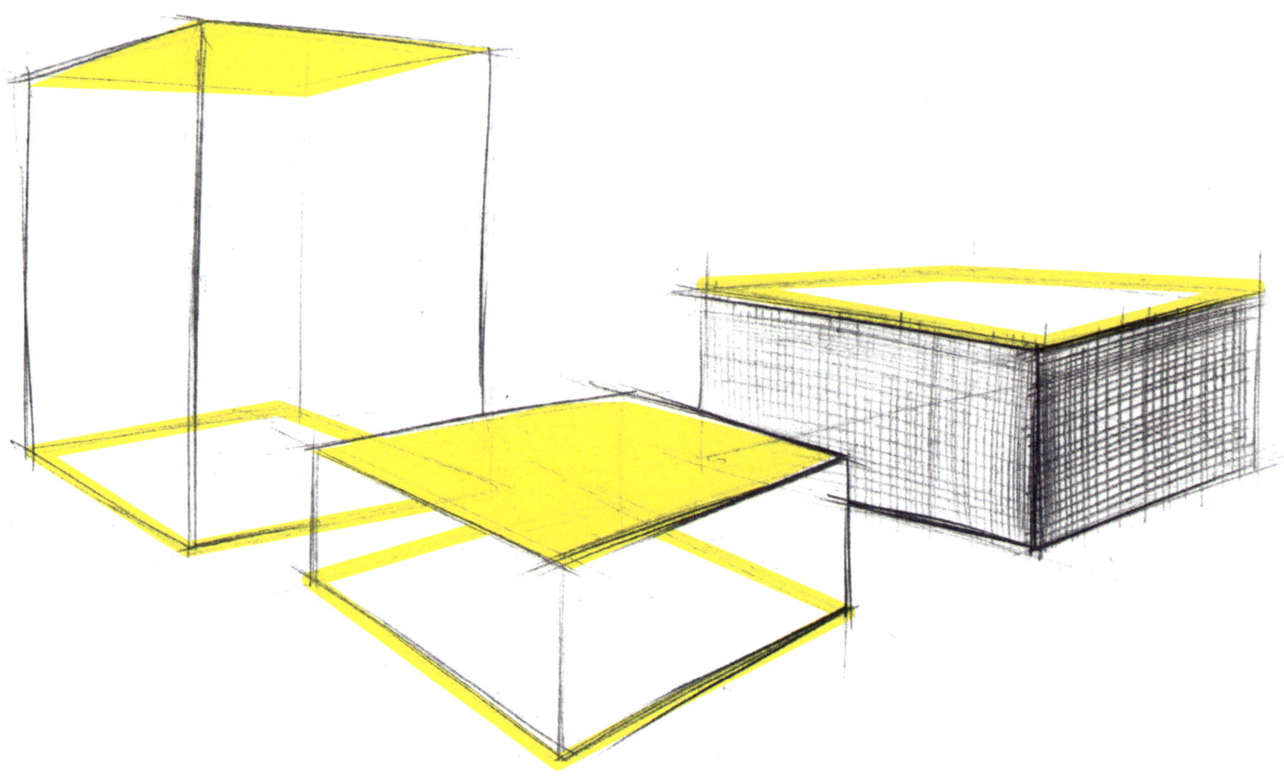

SKIZZIERE HIER

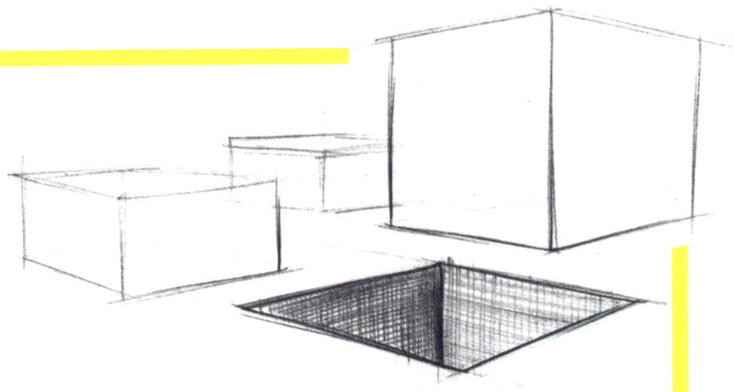

AUFGABE

Nun bist du dran. Greife die Situation oben auf und schaffe jeweils zwei weitere Zeichnungen mit unterschiedlichen Fokuspunkten.

Hat es funktioniert? Wende das Prinzip auf deine persönlichen Motive an.

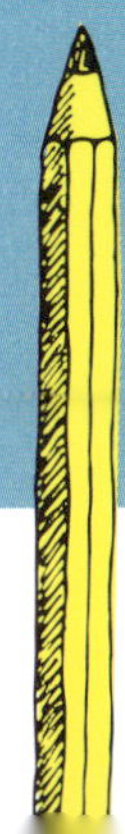

ZEIGE PROPORTIONEN

Es gibt Gegenstände und Architektur, die wir kennen und bei denen es uns nicht schwerfällt, uns ihre Dimensionen vorzustellen. Aber oft zeichnet man etwas und der Betrachter hat keine Vorstellung von den Proportionen. Dieses Problem findet sich oft im Bereich des Produktdesigns. Die Designer fügen bewusst Gegenstände oder Personen ins Bild, um der Vorstellungskraft des Betrachters eine Hilfestellung zu leisten.

Hier habe ich einen einfachen Würfel genommen, um das Problem zu erläutern. Ohne den Kontext Mensch wäre es nicht einfach zu erraten, wie groß ich mir den Würfel vorgestellt habe. Sobald aber die Silhouette oder Hand ins Spiel kommen, stellt sich die Frage gar nicht erst.

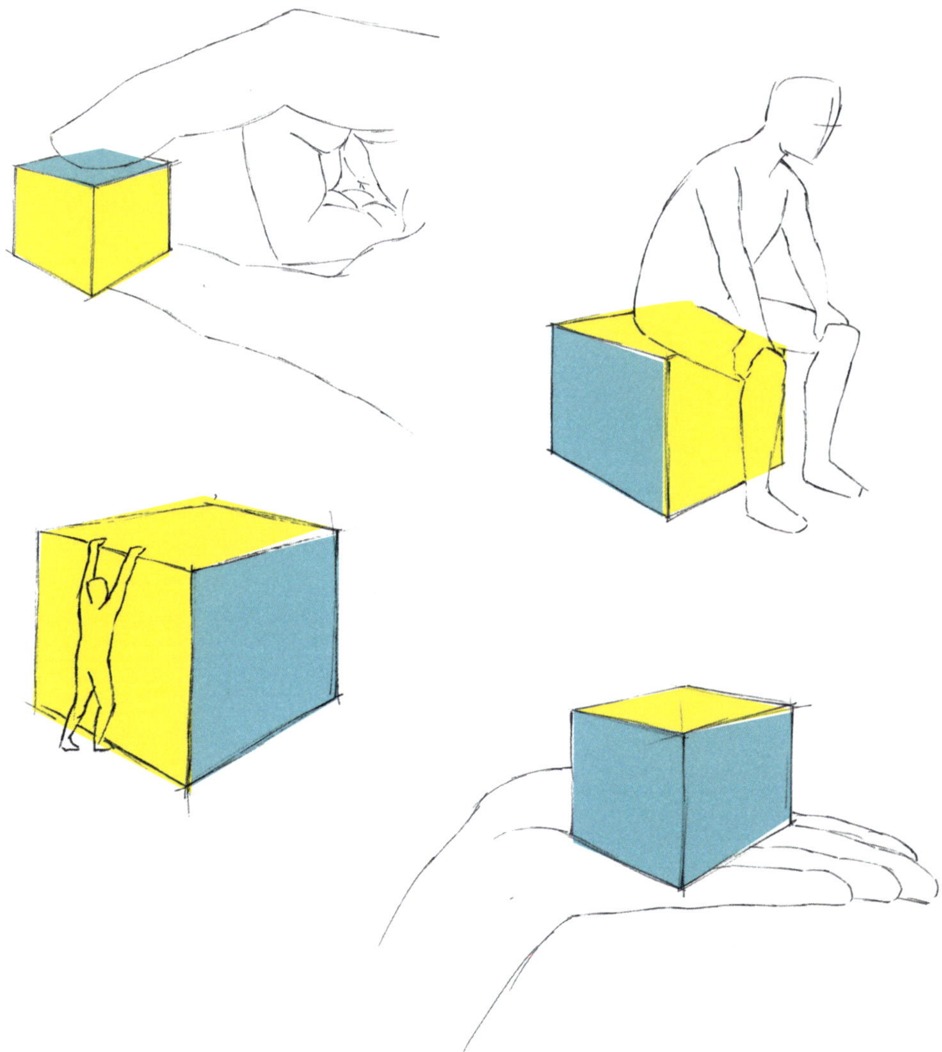

SKIZZIERE HIER

AUFGABE

Suche dir eine geometrische Form aus und kommuniziere mit Kontext die Größenverhältnisse. Teste dich selbst, indem andere deine Zeichnung betrachten und die Dimensionen deiner Zeichnung zu verstehen versuchen.

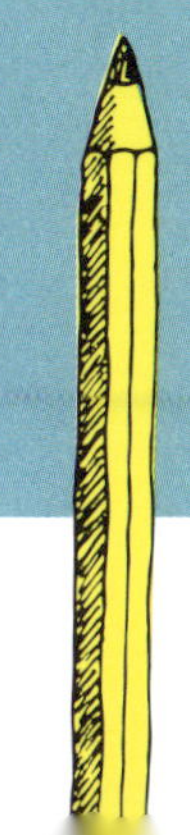

VEREINFACHUNG VON MENSCHLICHEN SILHOUETTEN

Die Übungen auf den vorherigen Seiten bedürfen natürlich der Grundlagen des figürlichen Zeichnens. Die folgende Darstellung zeigt dir, wie die menschliche Silhouette vereinfacht werden kann.

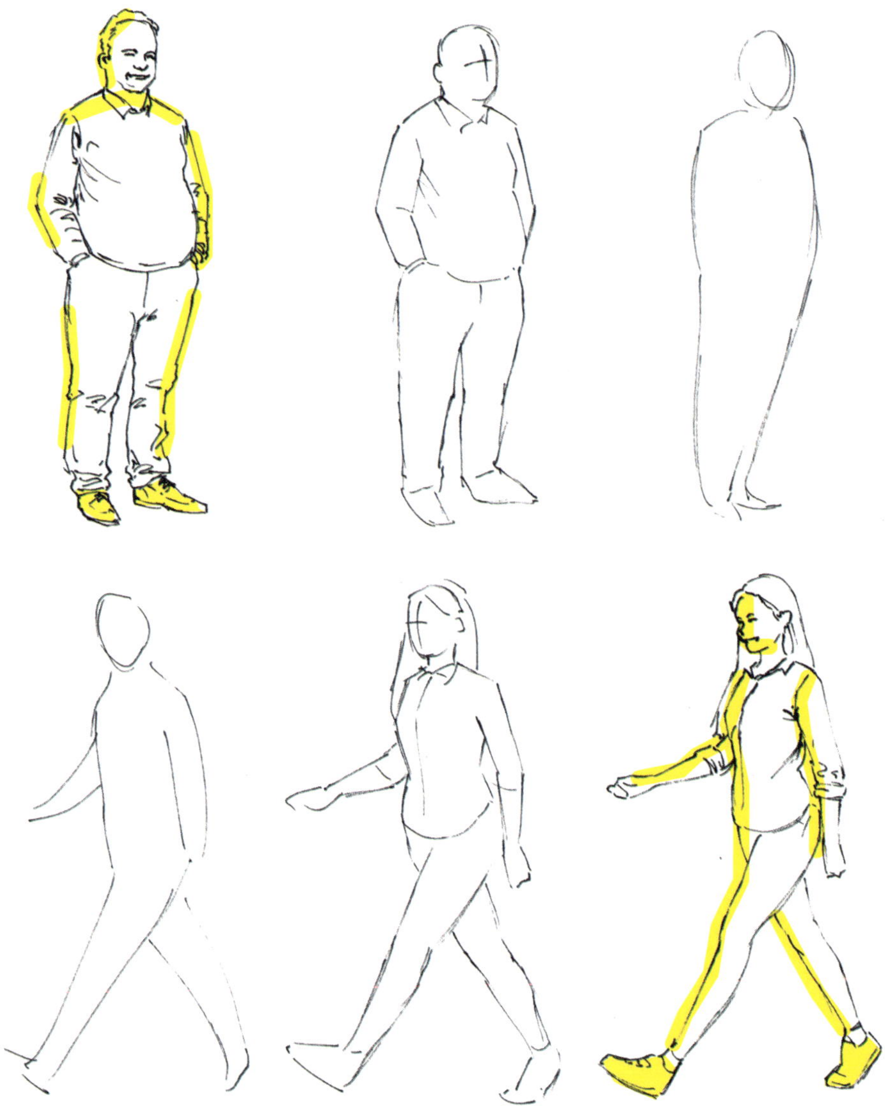

SKIZZIERE HIER

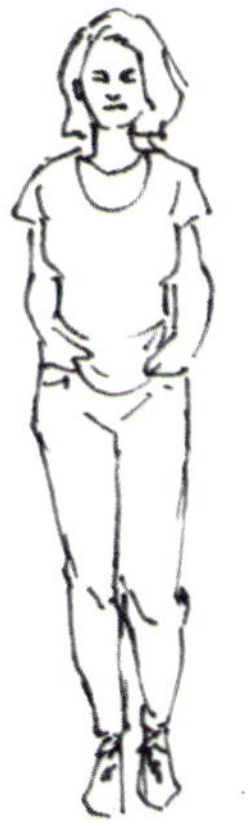

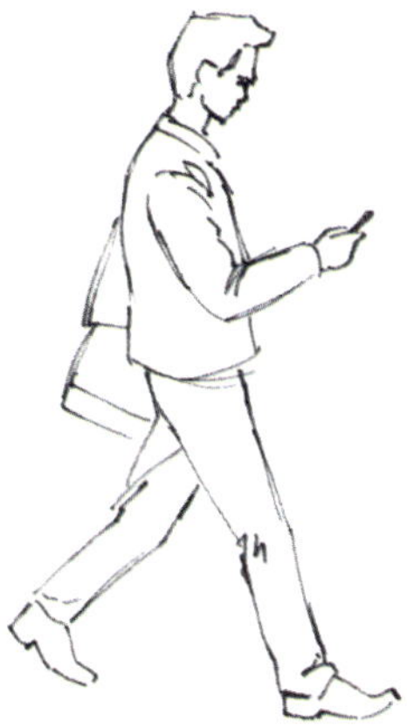

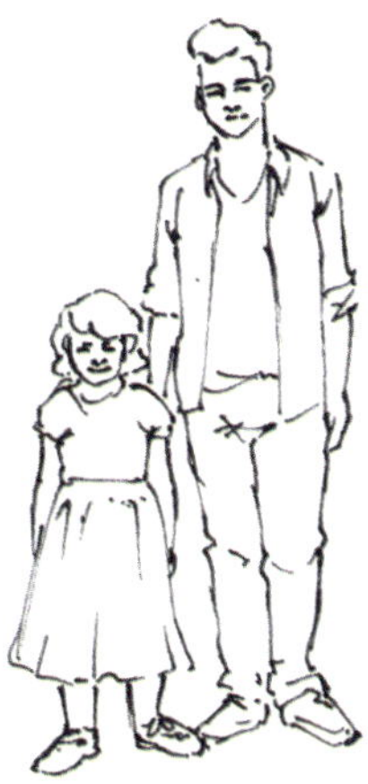

AUFGABE

Versuche die drei Skizzen nach dem vorgestellten Prinzip zu vereinfachen. Gerne kannst du auch eigene Vorlagen nutzen. Abbildungen aus Zeitschriften eignen sich auch hervorragend dafür.

10 STATT 1

Zeichnen, zeichnen, zeichnen. Oder wie man so schön sagt: Übung macht den Meister. Beim Zeichnen ist es nicht anders. In unseren Kursen und Workshops praktizieren wir das durchgehend. Am Beispiel dieser Couch siehst du, wie unser Prinzip 10 statt 1 funktioniert. So lernst du, Formen optisch zu erfassen. Dein Auge wird so perfekt geschult.

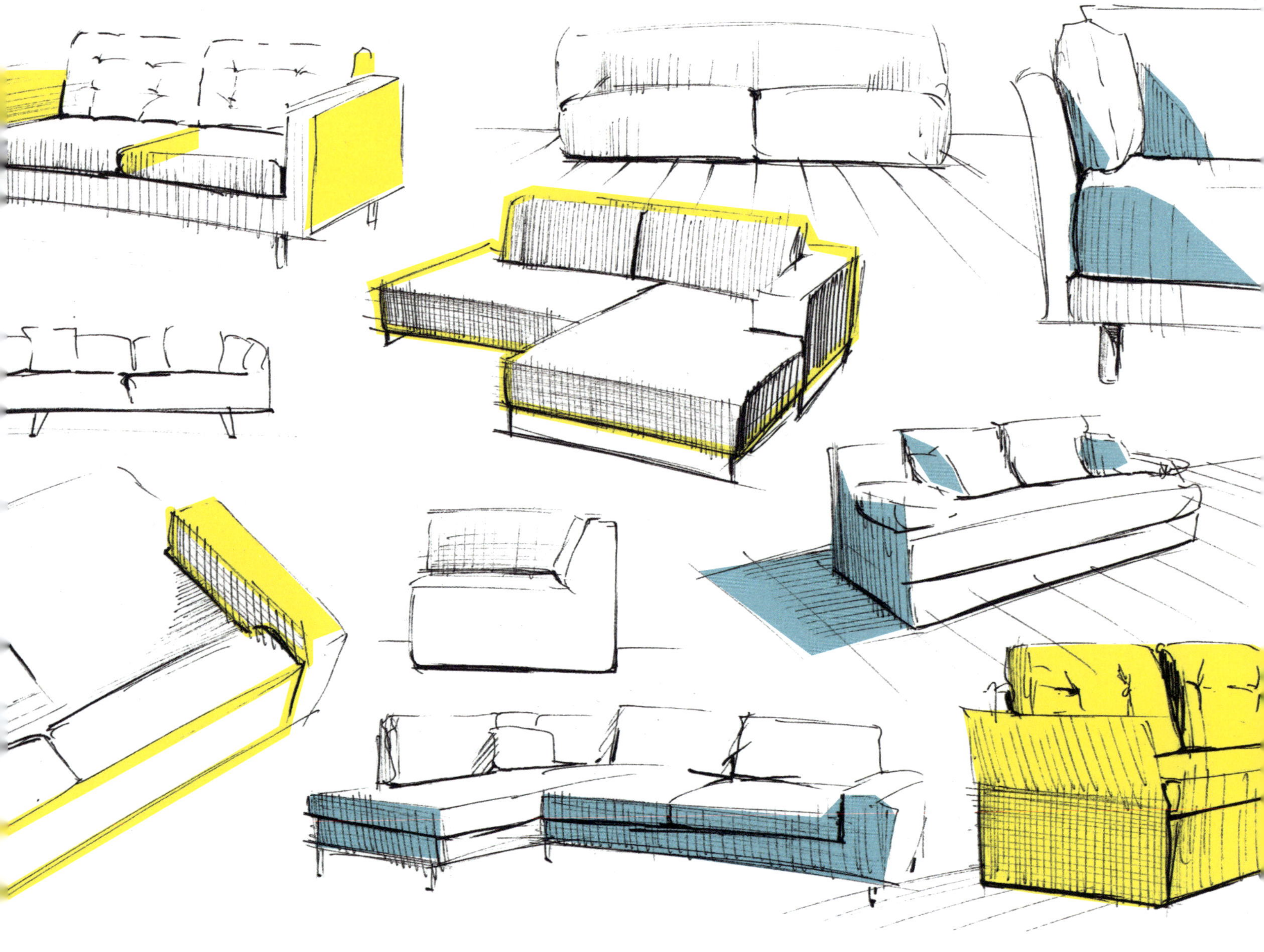

SKIZZIERE HIER

AUFGABE

Versuche jetzt die gleiche Übung mit einem Sessel oder einem anderen Objekt nachzuzeichnen. Es kommt gar nicht auf die Details an. Es geht darum, mit diversen Perspektiven und Formen zu spielen. Wie wäre es zudem mit 10 statt 1 und das Ganze in 20 Minuten? Viel Erfolg!

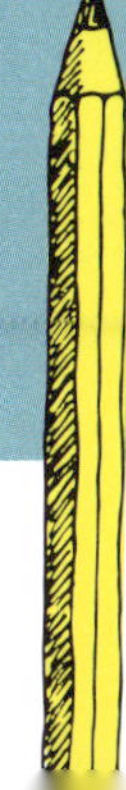

DANKSAGUNG

Der Erfolg mit dem Buch „100 geniale Zeichentricks“ hat mich nicht nur unglaublich gefreut und stolz gemacht, auch hat er mir gezeigt, dass so viele wissbegierige Zeicheninteressierte sich so viele Fragen stellen: Wie zeichne ich Treppen? Wie konstruiere ich Schatten? Wie zeichne ich in unterschiedlichen Perspektiven und wie verleihe ich meinen Skizzen den ultimativen Wow-Effekt? So entstand die Idee zu diesem Übungsbuch. Hier kannst du dein gelerntes Wissen anwenden und ausprobieren.

Immer wieder ein Anstoß ist mir dabei natürlich unsere mittlerweile sehr große YouTube- sowie unsere Instagram- und Pinterest-Community. Vielen Dank für euer Interesse an unserer täglichen Dosis Akademie Ruhr auf den unterschiedlichsten Plattformen sowie in unseren Kursen, Workshops und Fortbildungen. Ohne euch würde mein Job nur halb so viel Spaß machen!

So ein Buch entsteht natürlich nicht ohne mein tolles Team. Fabi, Johanna, Gina, Franz und Lilly – ich danke euch für euren konstanten Einsatz im Büro, eure Ideen und Anstöße in den verschiedensten Bereichen. Ich finde, wir sind ein super Team, und hoffe, dass wir uns gegenseitig noch ganz viel inspirieren können.

Franzi, auch dir muss ich wieder ein großes Lob aussprechen. Kaum fängt eine Idee in meinem Kopf an, sich zu entwickeln, beginnst du bereits, das Projekt in die Tat umzusetzen. Die Kommunikation mit dir und dem gesamten EMF-Team ist mir immer eine Freude. Unkompliziert und auf den Punkt. Auch für das schöne Layout möchte ich mich herzlich bei dir, Bhavya, bedanken.

Ein besonderes Dankeschön gilt vor allem Kaweco, dem kleinen, aber feinen Familienunternehmen, das uns immer mit seinen wunderschönen Schreib- und Zeichengeräten ausstattet. Danke euch! Ich hab eure Stifte jeden Tag fast durchgehend in der Hand und wurde schon oft darauf angesprochen.

Und natürlich: Danke an meine Freundin Paula, die immer für mich da ist und mir bis spät in die Nacht bei allen Projekten mit viel Liebe zur Seite steht.

Andreas M. Modzelewski

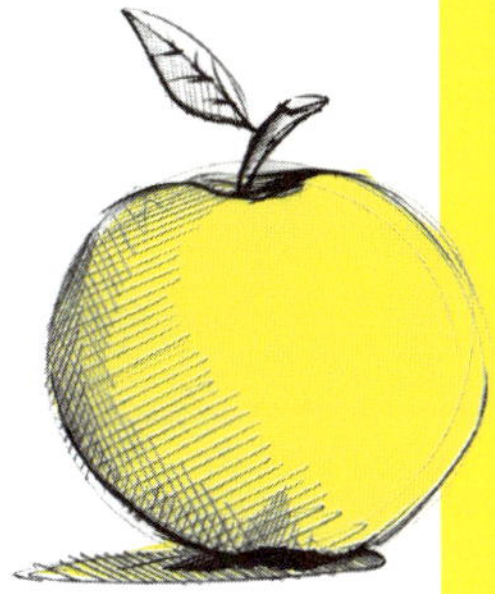

IMPRESSUM

Bibliografische Information der Deutschen Bibliothek.

Die Deutsche Bibliothek verzeichnet diese Publikation in der Deutschen Nationalbibliografie.
Detaillierte bibliografische Daten sind im Internet über http://www.dnb.de/ abrufbar.

EIN BUCH DER EDITION MICHAEL FISCHER

1. Auflage 2022

Covergestaltung: Nathalie Hochholzer
Redaktion und Lektorat: Dr. Franziska Klorer
Layout und Satz: Bhavya

ISBN 978-3-7459-1356-9

Gedruckt bei Polygraf Print, Čapajevova 44, 08001 Prešov, Slowakei

www.emf-verlag.de

NOCH MEHR *geniale* ZEICHENBÜCHER

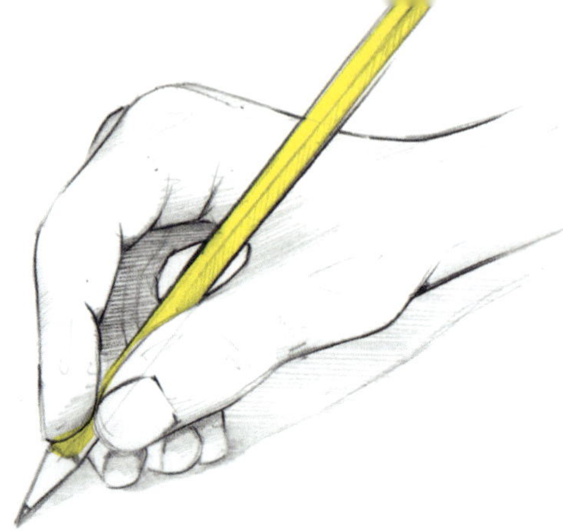

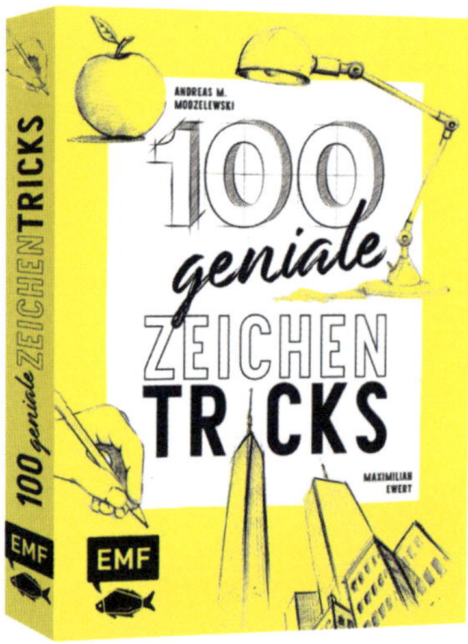

100 GENIALE ZEICHENTRICKS
978-3-96093-465-3

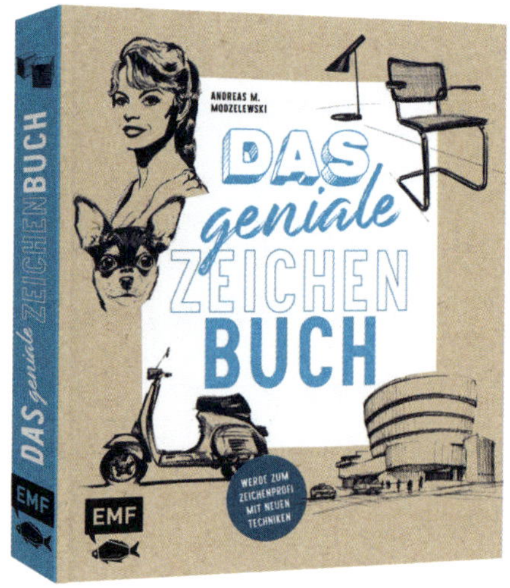

DAS GENIALE ZEICHENBUCH
978-3-7459-0929-6

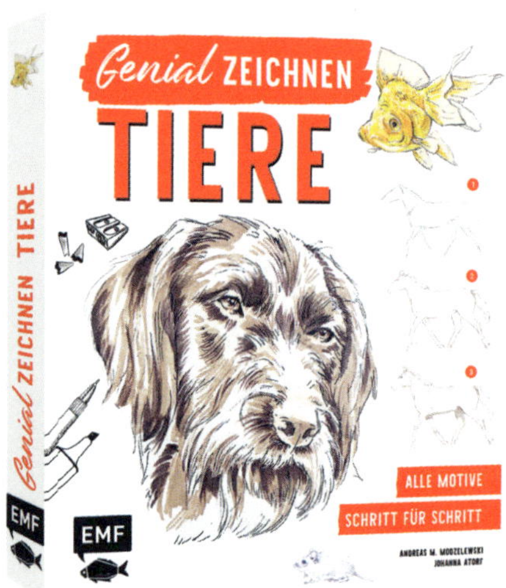

GENIAL ZEICHNEN – TIERE
978-3-7459-0682-0

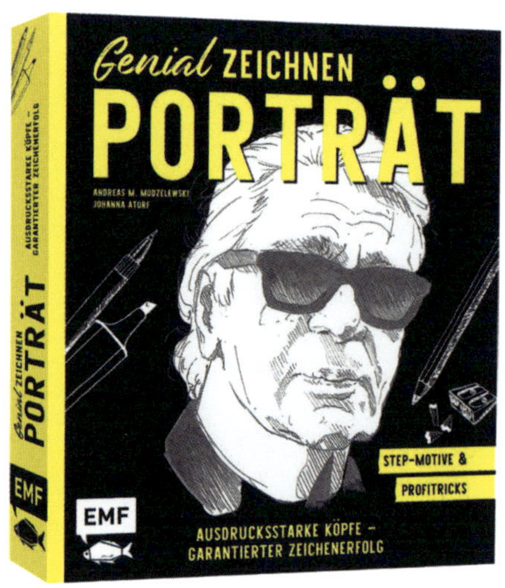

GENIAL ZEICHNEN – PORTRÄT
978-3-96093-899-6